Avec tou
mon amiti
Helene

Sa Sainteté
le
Dalaï-Lama

LES ÉTAPES DE LA MÉDITATION

Commentaire de Sa Sainteté sur le texte de Kamalashîla

Du même auteur, chez le même éditeur :

– *QUAND L'ESPRIT DIALOGUE AVEC LE CORPS.*
Entretiens avec le Dalaï-Lama sur la conscience,
les émotions et la santé.
Sous la direction de Daniel Goleman.

– *LA VOIE VERS LA PAIX.*

Publié par l'accord de Snow Lion Publications.

www.tredaniel-courrier.com

tredaniel-courrier@worldnet.fr

ISBN : 978-2-84445-780-6

Sa Sainteté
le
Dalaï-Lama

LES ÉTAPES DE LA MÉDITATION

Commentaire de Sa Sainteté sur le texte de Kamalashîla

traduit du tibétain par
les Vénérables Géshé Lobsang Jordhen, Lobsang Choephel Ganchenpa et Jeremy Russel

traduction de l'anglais, notes et glossaire :
Philippe Cornu
avec la collaboration de Virginie Rouanet

GUY TRÉDANIEL ÉDITEUR
19, rue Saint-Séverin
75005 PARIS

Sommaire

PRÉFACE

Nous sommes heureux de pouvoir vous présenter ici une traduction du livre second[1] des *Étapes de la méditation* de Kamalaśīla assortie d'un commentaire de Sa Sainteté le Dalaï-lama. Quand Sa Sainteté donna ce commentaire à Manali en 1989, nous vint le souhait de rendre cet enseignement disponible sous forme de livre. Depuis lors, nous y avons travaillé autant que faire se peut et nous nous réjouissons que ce travail porte enfin ses fruits.

Ācarya Kamalaśīla était un grand saint et un érudit qui vécut au IXe siècle. Il fut le disciple du grand abbé Śāntarakṣita. Si un bouddhisme complet et authentique a pu s'épanouir au Tibet, c'est grâce aux activités compatissantes de ces maîtres exceptionnels. Kamalaśīla a joué un rôle unique dans ces événements, car il fut l'un des premiers érudits indiens à composer des textes fondateurs au Tibet, dans l'intention de pourvoir aux besoins du peuple tibétain et de dissiper les méprises qui prévalaient alors. Malheureusement, du fait de notre époque troublée et plus particulièrement à cause de la tragédie qui s'est abattue sur le Tibet, les étudiants et les pratiquants sérieux sont depuis longtemps privés de la possibilité d'entendre ou de lire un texte d'une telle importance, et donc d'y réfléchir et de le méditer. Réalisant cela, Sa Sainteté le Dalaï-lama a, parmi une multitude d'appels pressants, entrepris de sérieux efforts pour préserver la tradition qui encourage l'étude et la mise en pratique de textes aussi importants et aussi rares que celui-ci. C'est ainsi qu'il a enseigné *Les étapes de la méditation* en plusieurs occasions.

Nous avons le plaisir de vous livrer le commentaire qu'il donna à Manali, une petite ville à l'orée de la vallée de Kullu dans

---

[1] Le *Bhāvanākrama* comporte trois ouvrages du même titre.

l'Himashal Pradesh, qui entretient depuis fort longtemps des relations avec les Tibétains et les peuples de la région frontalière indo-tibétaine. Nous espérons sincèrement que nos humbles efforts contribueront à la préservation de l'enseignement d'Ācarya Kamalaśīla. Quel que soit l'impact favorable de l'enseignement sur les lecteurs, puisse-il contribuer à ce que tous les êtres atteignent le bonheur ultime de la bouddhéité.

Nous dédions tous les mérites qui ont pu se dégager de ce travail à l'épanouissement du Bouddhadharma, à la paix entre les êtres, et à la longue vie de Sa Sainteté le Dalaï-lama, des autres grands maîtres et des pratiquants. Nous remercions Susan Kyser, notre éditeur à Snow Lion, pour ses suggestions précieuses pour l'amélioration de la version définitive et remercions tous ceux qui ont contribué directement ou indirectement à l'achèvement de ce projet.

Ce livre a été traduit et mis en forme par l'équipe suivante : Guéshé Lobsang Jorden, diplomé de l'Institut de Dialectique Bouddhiste de Dharamsala, qui fut à partir de 1989 l'assistant et le traducteur personnel de Sa Sainteté le Dalaï-lama ; Losang Choephel Ganchenpa, qui fut également étudiant à l'Institut de Dialectique Bouddhiste et a œuvré en qualité de traducteur depuis plus d'une décennie, tout d'abord à la Library of Tibetan Works and Archives (LTWA), à Dharamsala, puis en Australie ; et Jeremy Russell, qui est l'éditeur de *Chö-Yang*, *The Voice of Tibetan Religion & Culture*, publié par l'Institut Norbulingka de Dharamsala.

PROLOGUE

En langue de l'Inde : *Bhāvanākrama*
En langue tibétaine : *sGom-pa'i rim-pa*
Hommage à Mañjuśrī le juvénile !

Je vais brièvement expliquer les étapes de la méditation pour ceux qui suivent le système des sūtra du Mahāyāna. L'esprit éclairé qui désire accomplir très rapidement l'omniscience devrait faire l'effort délibéré de réunir les causes et les conditions nécessaires.

Le grand maître spirituel Kamalaśīla composa ce texte, *Les étapes de la méditation*, en trois parties : *Les étapes initiales de la méditation*, *Les étapes intermédiaires de la méditation*, et *Les étapes finales de la méditation.* Je vais à présent expliquer *Les étapes intermédiaires de la méditation.* Les principaux sujets de ce traité sont l'esprit d'Éveil et la vue parfaite. La voie spirituelle qui mène au but ultime de la bouddhéité a deux aspects : méthode et sagesse. Ces deux éléments aboutissent respectivement au Corps formel ou rūpakāya et au Corps de sagesse ou dharmakāya. Le premier d'entre eux représente la perfection du travail pour le bien des autres, et le second, la perfection de notre propre but. Les méthodes pour cultiver la bodhicitta et la sagesse qui réalise la vacuité constituent ensemble le fondement des enseignements bouddhistes, et ce texte nous livre un clair exposé de ces deux aspects de la voie bouddhiste vers l'Éveil.

Quand nous examinons de plus près ces enseignements, nous commençons à comprendre que la pensée de compassion est la racine de la bodhicitta ou esprit d'éveil. Or, cette pensée de l'Éveil doit être mise en pratique conjointement à la sagesse qui réalise la nature ultime de tous les phénomènes ou vacuité. Cette sagesse devrait découler de l'union d'une vision supérieure et d'un esprit reposant dans le calme et concentré uniment sur son objet, la vacuité.

Dans cet auditoire, beaucoup viennent des régions indiennes du Lahaul, du Kinnaur et du Spiti, et vous êtes pour la plupart des gens qui ont reçu une certaine éducation. Cependant, la technique d'enseignement que je m'apprête à utiliser s'adresse avant tout à ceux qui n'ont aucune foi dans la religion. Tout au long de cet enseignement, j'espère démontrer comment l'on peut faire naître un intérêt pour la religion en général et pour le bouddhisme en particulier. Il y a là de nombreuses formules de raisonnement qui peuvent nous aider à éveiller notre intérêt pour la spiritualité. C'est ainsi que nous pouvons réaliser que la religion n'est pas seulement fondée sur la foi, mais que cette foi se fait jour en conjonction avec le raisonnement et la logique. Fondamentalement, il existe deux types de foi : celle qui n'est fondée sur aucune raison particulière et celle qui s'appuie sur la raison. Dans ce dernier type de foi, l'individu examine l'objet de sa croyance et étudie sa pertinence à l'égard de ses besoins et de ses exigences. On ne développe la foi qu'après avoir vu en quoi elle est avantageuse. Dans le bouddhisme en général, et plus particulièrement dans la voie du Mahāyāna, vous examinez d'abord le contenu des enseignements, puis vous acceptez ce qui est logique et raisonnable en rejetant ce qui est illogique. À ce propos, il y a certains cas où les paroles mêmes du Bouddha ne doivent pas être acceptées littéralement mais nécessitent une interprétation. Les enseignements scripturaires qui ne résistent pas à l'analyse logique sont dans ce cas. À l'opposé, ceux qui passent l'épreuve de l'analyse logique devraient être pris dans leur sens littéral. Toutefois, si nous allons chercher dans d'autres sources scripturaires faisant autorité comment distinguer ces écritures qui doivent être comprises littéralement de celles qui doivent être interprétées, nous risquons fort de chuter dans l'erreur d'une rétrogression à l'infini. Nous devons examiner ces deux types d'enseignements scripturaires à la lumière de la logique. Nous pouvons donc voir que l'analyse logique occupe une place très importante dans l'étude des écritures bouddhistes.

Avant de commencer votre enquête, il est essentiel d'étudier les techniques qui vous permettront d'examiner l'objet de votre analyse. Pour ceux qui désirent pratiquer effectivement les enseignements du Bouddha, la simple foi ne suffit pas. La foi devrait être étayée par la raison. Lorsque vous étudiez vous devez suivre une méthode logique. Tandis que j'enseigne, je vous demande de m'accorder la plus grande attention : prenez des notes ou utilisez tout autre moyen qui vous permettra de retenir ce que j'enseigne.

Commençons par l'explication de ce que signifie "bénédiction" dans le contexte bouddhiste, lorsque l'on parle de la bénédiction d'un lama ou de la bénédiction du Dharma. La bénédiction doit surgir des tréfonds de votre esprit. Ce n'est pas quelque chose qui vient de l'extérieur, bien que nous parlions couramment de la bénédiction d'un lama ou de la bénédiction des Trois objets de Refuge. Que les qualités de votre esprit croissent et que ses défauts diminuent, voilà ce que signifie bénédiction. Le mot tibétain qui désigne la bénédiction [*byin rlab*, prononcé "tchinlap"] peut être décomposé en deux parties — *byin* signifie "potentiel merveilleux" et *rlab*, "transformer". *Byin rlab* signifie donc "transformer en un merveilleux potentiel". En conséquence, bénédiction fait référence au développement de qualités vertueuses que vous n'aviez pas auparavant et à l'accroissement des bonnes qualités que vous avez déjà développées. Le mot implique également la diminution des souillures de l'esprit qui empêchent le développement de saines qualités. On reçoit la véritable bénédiction lorsque les attributs vertueux de l'esprit gagnent en force et que ses caractéristiques défectueuses s'affaiblissent ou s'amoindrissent.

Le texte déclare : «L'esprit éclairé qui désire accomplir très rapidement l'omniscience devrait faire l'effort délibéré de réunir les causes et les conditions nécessaires», ce qui veut dire que cet ouvrage, plutôt que de se lancer dans une analyse élaborée d'objets à réfuter, ce qui est le propre de travaux plus philosophiques, traite avant tout des méthodes et de la pratique de la méditation. Non pas qu'il existe deux séries de traités bouddhistes séparées et sans aucune relation — des traités portant uniquement sur le discours et d'autres uniquement voués à la pratique — car tous les écrits contiennent des enseignements qui nous aident à dompter et à contrôler l'esprit. Néanmoins, il existe bien différents types d'accentuation dans les textes. Certains textes et certaines pratiques conviennent avant tout à l'étude et à la contemplation, tandis que d'autres ont été enseignés qui mettent l'accent sur les procédés méditatifs. Ce texte relève de ces derniers. C'est pourquoi il est appelé, d'après son contenu, *Les étapes de la méditation*. Et comme ce titre le suggère, le texte décrit comment un méditant peut développer une voie spirituelle selon une progression correcte, et non pas d'une manière désordonnée et par à coups.

Il y a donc trois parties dans *Les étapes de la méditation* et ceci en constitue la partie médiane. Ācarya Kamalaśīla donna d'abord cet enseignement dans sa langue maternelle indienne. Le texte débute par son titre sanskrit, mention destinée à induire chez le lecteur une aptitude pour cette langue sacrée qui lui soit profitable. Qui plus est, le fait de citer le titre du texte dans la langue classique de l'Inde rappelle sa dimension historique. Depuis l'aube de la civilisation au Pays des Neiges et avec le développement graduel de la nation tibétaine, des relations naturelles avec les contrées voisines se sont développées. Il apparaît rétrospectivement que les Tibétains adoptèrent de nombreux éléments socioculturels de leurs voisins. C'est ainsi que l'Inde, notre voisin méridional, fut la source de systèmes religieux et culturels et de sujets enrichissants. D'autres cultures anciennes et des sciences telles que la médecine, la philosophie bouddhiste, le sanskrit, etc., furent également importées de l'Inde, la patrie de nombreux grands érudits. De sorte que nous autres Tibétains avons pour tradition de révérer l'Inde comme une Terre Sacrée. La Chine était réputée pour sa nourriture et sa grande variété de légumes et le tibétain utilise les mêmes mots que le chinois. Aujourd'hui encore, nous continuons à utiliser des mots chinois pour désigner de nombreux légumes. Voilà ce que nous avons importé de Chine. De même, les costumes mongols étant bien adaptés à un climat froid, les Tibétains ont imité quelques-uns de leurs modèles. Ainsi, au cours des siècles, les Tibétains qui furent en contact avec leurs voisins, ont importé quantité de bonnes choses et développé leurs propres caractéristiques socioculturelles. Quand un texte débute par la phrase : "En langue de l'Inde", cela montre l'authenticité du texte — à savoir qu'il trouve son origine dans les traités de maîtres indiens.

Puis le texte poursuit : « Dans la langue du Tibet » et ces mots sont suivis du titre tibétain. Cela indique que le texte fut traduit dans la langue d'un autre pays, le Tibet. Le tibétain est suffisamment riche pour exprimer avec précision les grands traités, y compris les sūtra et leurs commentaires. Au fil des siècles, la langue tibétaine a été un véhicule majeur tant pour les discours que pour les aspects pratiques du bouddhisme. Même aujourd'hui, il est clair que le tibétain est pratiquement la seule langue au monde qui puisse communiquer pleinement la totalité des enseignements bouddhistes contenus dans les canons du Hīnayāna, du Mahāyāna et dans les Tantra. C'est par conséquent une langue très importante, particulièrement eu égard au bouddhisme.

«Hommage à Mañjuśrī le juvénile !» constitue le vers d'allégeance et de supplique du traducteur. Les traducteurs commencent leur ouvrage en rendant hommage afin d'être capables de compléter leur travail sans rencontrer d'obstacle majeur. Cet hommage symbolise également, leur souhait d'accomplir leurs buts temporaires et ultime. La formule est adressée à Mañjuśrī, selon un décret promulgué par les rois religieux du passé. Le but était d'indiquer clairement à laquelle des trois divisions [les piṭaka ou corbeilles] des enseignements du Bouddha appartenait tout sūtra ou commentaire. La supplique est adressée à tous les bouddha et bodhisattva lorsqu'un texte appartient à la collection des Discours[2]. Lorsqu'il appartient à la collection de la Connaissance[3], la supplique concerne Mañjuśrī. Enfin, pour indiquer qu'un certain

---

[2] La Corbeille des sūtra, *Sūtrapiṭaka.*

[3] La Corbeille des Abhidharma, *Abhidharmapiṭaka.*

texte appartient à la collection de la Discipline[4], la supplique est adressée aux Omniscients. La supplique du traducteur est donc ici conforme à la pratique traditionnelle. La thèse principale de ce traité est l'établissement de l'inexistence du soi en s'appuyant sur cette concentration en un seul point qui résulte de l'union de la vue profonde et d'un esprit établi dans la quiétude. Et puisque ce texte appartient à la collection de la Connaissance, la supplique est ici adressée à Mañjuśrī.

Avec la phrase «pour ceux qui suivent le système des sūtra du Mahāyāna», l'auteur indique brièvement la démarche méditative à ceux qui étudient ce traité. À présent s'élève la question : quel est le but ultime de ceux qui pratiquent les enseignements du Mahāyāna ? Et la réponse est : la bouddhéité. Qu'est-ce donc que la bouddhéité ? Celui qui possède une sagesse transcendante omnisciente est un bouddha, et cet état est appelé bouddhéité. Puisque le but final des enseignements du Mahāyāna est l'atteinte de cet état omniscient, le pratiquant a besoin d'examiner avec soin les moyens et les méthodes qui mènent à cette réalisation. En se livrant à une telle enquête, il s'efforcera de poursuivre les étapes correctes et complètes nécessaires à la réalisation de l'état d'omniscience. Ceci constitue un bref sommaire du thème de cet ouvrage.

---

[4] La Corbeille du Vinaya, *Vinayapiṭaka*.

INTRODUCTION

Le révérend Nāgārjuna a déclaré :

> Si vous souhaitez atteindre l'Éveil insurpassable
> Pour vous-même et pour le monde,
> La racine en est le développement d'une pensée altruiste
> Stable et ferme telle une montagne,
> Une compassion qui embrasse tout
> Et une sagesse transcendante dénuée de dualité.

Ceux d'entre nous qui désirent le bonheur pour autrui et pour eux-mêmes, temporairement mais aussi à long terme, devraient être animés de la motivation d'atteindre l'état d'omniscience. La compassion, la pensée altruiste et la vue parfaite sont les fondements, le sang vital de la voie vers le plus haut Éveil. À ce point, nous avons foi dans la doctrine du Seigneur Bouddha et avons accès à ses enseignements. Nous sommes libres des obstacles majeurs et nous avons rencontré les facteurs contributifs tels que la possibilité d'étudier les aspects profonds et vastes de l'enseignement du Bouddha, de contempler leur contenu et de méditer leur sens. Nous devons par conséquent utiliser toutes les opportunités afin d'éviter toute cause de regret dans l'avenir et ne pas avoir honte de nous-mêmes. Les mots de Kadam Guéshé Sangpouwa soulignent bien ce point capital et ces vers me vont au cœur :

> Les enseignements et l'écoute sont justes lorsqu'ils sont bénéfiques à l'esprit. Un comportement contrôlé et discipliné est le signe que l'on a bien entendu les enseignements. Quand les afflictions diminuent, c'est le signe que l'on médite. On appelle yogi celui qui comprend la réalité.

Une chose devrait être très claire : les enseignements du Dharma n'ont qu'un seul but : discipliner l'esprit. Les enseignants devraient y prêter attention et vérifier que leurs enseignements apportent des bienfaits à l'esprit de leurs étudiants. Leurs instructions doivent découler de leur expérience personnelle et de leur compréhension du Dharma. Les étudiants devraient aussi assister aux enseignements avec le désir d'améliorer leur esprit. Ils devraient faire un effort violent pour contrôler leur esprit indiscipliné. C'est pourquoi je vous exhorte à la diligence et à appliquer les instructions des grands guéshé kadampa. Ils nous ont conseillé de mêler l'esprit et le Dharma. À l'opposé, si la connaissance et la pratique sont traitées comme des entités distinctes sans relation aucune, l'entraînement pourra s'avérer inefficace. Dans le cheminement de notre pratique spirituelle, nous devons nous examiner soigneusement et utiliser le Dharma comme un miroir afin d'y contempler les défauts de notre corps, de notre parole et de notre esprit. Aussi bien le maître que l'étudiant devraient avoir la motivation d'aider autrui ainsi qu'eux-mêmes par la mise en pratique des enseignements. Ainsi est-il dit dans la prière du *Lam rim* :

> Motivé par une puissante compassion,
> Puissé-je être capable d'exposer le trésor du Bouddhadharma,
> L'introduisant en de nouveaux lieux
> Et dans les endroits où il a dégénéré.

La doctrine du Bouddha n'est pas d'ordre matériel. En conséquence, la restitution et la diffusion du bouddhisme dépend de notre intériorité ou du continuum de notre esprit. Quand nous sommes capables de diminuer les défauts de l'esprit, ses qualités s'accroissent. Ainsi, préserver et promouvoir la doctrine du Bouddha signifie opérer des transformations bénéfiques. La doctrine n'est pas quelque chose de tangible, c'est évident ; on ne peut la vendre ou l'acheter sur la place du marché ni l'élaborer physiquement. Nous devrions donc accorder de l'attention aux points fondamentaux tels que la pratique des trois entraînements

— le renoncement, l'esprit d'Éveil, ou bodhicitta, et la sagesse qui réalise la vacuité.

La responsabilité de préserver et de prolonger la doctrine du Bouddha est entre les mains de ceux qui ont foi dans cette doctrine. Celle-ci dépend à son tour de notre inclination vers le Bouddha et de notre respect à son égard. Si nous ne faisons rien de constructif en espérant que les autres le feront pour nous, de toute évidence, il ne se passera rien. La première étape consiste donc à cultiver dans notre esprit ces qualités excellentes enseignées par le Bouddha. Après avoir correctement discipliné notre esprit, nous pouvons espérer aider les autres à discipliner le leur. Le grand Tsongkhapa l'a clairement dit : ceux qui ne se sont pas disciplinés n'ont guère de chances de discipliner autrui. L'Ācarya Dharmakīrti a posé ce principe en des termes très clairs :

> Quand la technique [vous] est obscure,
> L'explication est naturellement difficile.

Les bodhisattva qui ont cette intention se fixent pour but ultime d'atteindre l'Éveil. Afin d'y parvenir, ils s'engagent dans les pratiques d'élimination des émotions perturbatrices qui affligent l'esprit. Simultanément, ils s'efforcent de cultiver des aperçus de la Vue. C'est en suivant un tel cheminement, éliminer les défauts et cultiver les qualités, qu'un bodhisattva devient capable d'aider les autres êtres vivants. Le *Commentaire sur le "Compendium de connaissance valide" (de Dignāga)* [5] déclare :

> Ceux qui sont doués de compassion emploient tous les moyens possibles
> Pour alléger les tourments des êtres.

Par conséquent, ceux d'entre nous qui ont foi dans les enseignements du Bouddha devraient faire de leur mieux pour développer des vertus. Ceci est d'une extrême importance, et c'est particulièrement vrai pour cette époque, alors que la doctrine du Bouddha est en voie de dégénérescence.

---

[5] le *Pramāṇavartikkakārikā* de Dharmakīrti

Nous autres, Tibétains, faisons beaucoup de bruit et critiquons les Chinois parce qu'ils ont causé de nombreuses destructions dans notre pays. Mais la chose la plus importante, pour des adeptes du bouddhisme, c'est d'adhérer avec diligence à ses principes. Les enseignements ne prennent sens que lorsque nous voyons les avantages que procure la pratique, quand nous en assumons la discipline et accomplissons des transformations positives dans notre cœur. Écouter des conférences sur d'autres sujets n'a pas le même but : il s'agit là de glaner des idées et des informations.

Nous pourrions nous demander à quels signes on reconnaît un authentique pratiquant du Dharma. La pratique devrait débuter avec la discipline éthique de l'abstention des dix actes non-vertueux. Toute attitude négative du corps, de la parole et de l'esprit devrait être précisément identifiée et son antidote correctement compris. Avec cette connaissance fondamentale, un individu devrait éliminer de sa vie les actions négatives telles que voler, mentir, etc., et pratiquer l'honnêteté, la gentillesse et autres actions vertueuses. Les moines et les nonnes ordonnés se doivent de suivre les règles de la discipline monastique. Ce qui signifie rectifier la manière de porter la robe monastique, de communiquer avec les autres, etc. Les règles de la discipline monastique vont jusqu'à enseigner la façon de regarder autrui et la manière de s'adresser aux autres.

Pour un pratiquant du Dharma, l'un des défis majeurs consiste à contrer ses émotions perturbatrices jusqu'à s'en libérer finalement. La difficulté est due à la simple raison que ces émotions perturbatrices nous ont causé toutes sortes de tourments depuis des temps sans commencement. Que quelqu'un nous tyrannise et qu'un ennemi nous persécute et nous nous mettons à crier haro sur eux. Les ennemis extérieurs, tout aussi brutaux qu'ils soient, ne peuvent nous affecter qu'au cours d'une seule vie. Ils n'ont aucun pouvoir de nous faire du mal au-delà de cette vie. Il en va autrement des émotions perturbatrices qui sont nos ennemis intérieurs et peuvent à coup sûr provoquer des ravages dans nos vies futures. Elles sont, en fait, nos pires ennemis.

Le vrai test pour un pratiquant du Dharma est celui-ci : si nos émotions perturbatrices s'amoindrissent, alors notre pratique a été efficace. C'est le principal critère pour discerner un vrai pratiquant, sans se soucier d'une quelconque apparence de sainteté extérieure. C'est tout le but de la méditation : amoindrir les afflictions illusoires de notre esprit et ultimement les éradiquer complètement. En apprenant et en pratiquant les aspects profonds et vastes de l'enseignement, un pratiquant expérimenté de la méditation sur l'inexistence du soi acquerra finalement une compréhension de la réalité.

Nous sommes engagés dans l'écoute des enseignements, et il est essentiel pour nous de connaître la manière correcte de le faire, la méthode efficace d'écoute. Elle consiste en l'élimination des trois défauts de l'auditeur que l'on compare à un récipient, et en l'application des six intentions favorables[6]. Le premier des trois défauts est une écoute qui évoque l'image d'un récipient retourné. C'est-à-dire que vous êtes présent physiquement aux enseignements mais que votre esprit s'affaire ailleurs. Aussi, lorsque quelqu'un enseigne, en fait vous n'écoutez rien du tout. Dans un tel cas, vous ne portez aucun intérêt à l'enseignement et n'entendez rien de ce qui est enseigné. C'est bien évidemment un gros obstacle à l'apprentissage. Nous devons donc éliminer ce problème et assister à l'enseignement en lui prêtant un vif intérêt.

Le second des défauts consiste à écouter d'une manière qui ressemble à un récipient percé. En d'autres termes, même si vous écoutez les enseignements, vous n'en retenez pas le contenu. Dans ce cas, vous manquez d'attention et de mémoire. La pratique du Dharma signifie que vous devriez être capable de retirer des bienfaits de ce que vous avez écouté. Ce n'est pas un passe-temps, comme écouter une histoire. Les enseignements nous livrent des instructions pour vivre une vie pleine de sens et nous montrent comment développer des attitudes justes. Afin donc de bénéficier des enseignements, nous devons les retenir attentivement. Si nous oublions immédiatement ce que nous avons entendu, il s'agit du

---

[6] L'humilité, la foi, l'effort, la non-distraction, l'ouverture, le courage.

défaut dit du récipient percé. Toute sorte d'apprentissage, qu'il s'agisse d'écouter, de lire, etc., doit retenir toute notre attention et exige que nous fassions l'effort de nous souvenir du contenu. Quand notre intérêt est mitigé, nous ne retenons que la moitié des points, et qui plus est, très peu de temps. Nous devrions réfléchir et méditer sur tout ce que nous avons écouté, et y revenir encore et encore. De cette manière, la connaissance s'inscrira durablement dans notre esprit. Une autre technique pour se souvenir des instructions est celle des débats, tels qu'on les pratique dans les écoles traditionnelles de débat.

Le troisième défaut d'un auditeur, qui concerne la motivation, est comparé à un récipient contenant du poison. Quand nous écoutons les enseignements, nous devons éviter les motivations erronées. Toutes les activités, en particulier les pratiques du Dharma telles qu'écouter et lire les textes traditionnels, doivent être accomplies avec une saine motivation. Vous devriez viser la maîtrise de cet esprit indiscipliné, puis l'atteinte graduelle de l'état de la bouddhéité afin de faire le bien de tous les êtres. Je vous exhorte également à ne point traiter la connaissance du Dharma à la manière d'une science comme une autre qui servirait de gagne-pain.

À présent, permettez-moi d'aborder le sujet principal, le texte de Kamalaśīla intitulé *Les étapes de la méditation*. L'auteur fut d'une infinie bonté pour le Tibet. Le grand Tsongkhapa s'y réfère comme à un érudit digne d'hommage et ce titre lui convient bien. Parmi les quelques traités qu'il composa, *L'illumination de la voie médiane*[7] et ce texte sont les plus éminement respectés.

La lignée de transmission des trois textes des *Étapes de la méditation* est peu répandue. Dans les régions du centre et du sud-ouest du Tibet, cette transmission n'était pas très connue. Peut-être était-elle cependant accessible dans des coins isolés et reculés. Khounnou Lama Tendzin Gyaltsen la reçut au Kham et Serkyong Rinpoché la recueillit de ses lèvres. À cette époque, je n'était pas en mesure de recevoir la transmission, bien que le désirant. Je

---

[7] Le *Madhyamakāloka*.

pensai alors que, le texte n'étant pas bien long, il ne me serait pas très difficile de le recevoir plus tard. Je concentrai plutôt mes efforts sur le fait de recevoir des enseignements sur quelques-uns des traités majeurs comme le *Grand commentaire sur Kālacakra* de Boutön Rinchen Droup, le *Tantra abrégé de Kālacakra* et les six volumes des *Annotations sur le grand commentaire appelé Lumière Immaculée*.

J'étais en Suisse lorsque je reçus un télégramme m'annonçant le décès de Serkyong Rinpoché et m'informant du fait que Yongdzin Ling Rinpoché était en très mauvaise santé. Je réalisai soudain que j'étais en train de payer le prix de la paresse qui m'avait poussé à ne pas recevoir les enseignements sur *Les étapes de la méditation*. Un profond sentiment de tristesse et de perte m'envahit alors. Après cet évènement, je demandais à tous les lamas et les guéshé que je rencontrais qui pourrait bien détenir cette lignée de transmission. Or il advint qu'à Bodhgaya, je fis la connaissance de l'abbé sakyapa Sangyé Tendzin qui me confia avoir reçu les enseignements sur *Les étapes de la méditation* d'un vieux lama du Kham alors à Lhasa en pèlerinage. À y repenser puisque Khounnou Lama Rinpoché avait également reçu l'enseignement au Kham, il devait s'agir de la même lignée. Il m'apparut également qu'il serait bon que je reçoive cet enseignement.

Auparavant, lorsque j'abordais de nouveaux textes, je consultais Yongdzin Ling Rinpoché. Mais il n'était plus de ce monde. À cette époque, le vénérable Guen Nyima était également à Bodhgaya. Je lui résumai la situation et lui demandai son avis. Pour lui c'était d'une bonne idée. C'est ainsi que je reçus la transmission de l'enseignement de l'abbé sakyapa Sangyé Tendzin. J'en fus profondément heureux et me senti favorisé par le sort, et cela me libéra immédiatement de mes remords. Cet abbé sakyapa est fort renommé et c'est un maître respecté chez les Sakya. Il a à présent près de quatre-vingts ans. Il semble qu'il n'existe aucun commentaire écrit sur ce texte, du moins n'en ai-je jamais vu. Le grand

Tsongkhapa le cite abondamment dans sa *Grande voie progressive*[8], et je pense qu'il est juste que je m'en serve pour étayer mon commentaire.

Kamalaśīla rendit un service considérable à la doctrine du Bouddha. Avec une motivation inébranlable et toute de bonté, il établit d'excellentes fondations pour les enseignements du Bouddha lors de son séjour au Tibet. Le roi religieux tibétain Trisongdétsen invita Ācarya Śāntarakṣita et Guru Rinpoché Padmasambhava. Ces trois grands êtres furent d'un extrême dévouement pour le pays des neiges du Tibet. Grâce à leur collaboration, une forme complète du bouddhisme incluant les Tantras fut correctement établie au Tibet. Ācarya Śāntarakṣita vit la possibilité de certaines incompréhensions et de mauvaises interprétations de la philosophie et donna l'instruction d'inviter Kamalaśīla quand de tels événements se produiraient. L'histoire nous révèle que ce furent les raisons pour lesquelles Kamalaśīla fut invité au Tibet et composa *Les étapes de la méditation*. À la fin de la première partie, l'auteur déclare qu'il composa le texte à la requête du roi Trisongdetsen.

Pour le bienfait du peuple tibétain et afin d'établir la doctrine du Bouddha parmi ces gens, le grand Kamalaśīla accepta avec bonté de venir au Tibet. Les trois parties des *Étapes de la méditation* furent écrites au Tibet et le maître chinois Hvashang fut le catalyseur de sa composition. Il ne s'agit pas de discuter de sa philosophie générale, mais l'interprétation de Hvashang concernant la vue bouddhiste était complètement erronée. Ācarya Kamalaśīla écrivit ce texte pour parer à la propagation de ces vues erronées. Nous pouvons noter ici qu'à cette époque les grands êtres montraient beaucoup de force en matière d'érudition et d'éthique. Ils usaient d'un langage très raffiné pour réfuter les vues fausses et ne prenaient pas leurs adversaires pour cible personnelle. Ils préféraient formuler une présentation claire et lucide de la vue philosophique fondamentale, de la méditation et de la conduite telles que le Bouddha les avait enseignées. De cette manière, la

---

[8] Le *Lam-rim chen-mo*, l'œuvre majeure de Djé Tsongkhapa, où le *Bhāvanākrama* est abondamment cité et commenté.

doctrine du Bouddha éclipsait les vues inférieures et erronées qui disparaissaient d'elles-mêmes. Ce texte a donc un lien particulier avec le Tibet, le Pays des Neiges, d'ordre karmique.

Il est évident que l'auteur, Kamalaśīla, fut extrêmement bienveillant à l'égard des Tibétains. Mais l'histoire nous révèle que les Tibétains ont fait plusieurs erreurs plutôt que de montrer leur gratitude[9]. Certains incidents se produisirent. Si on les regarde sous un autre angle, cela rappelle un dicton tibétain : «Là où le Dharma s'épanouit, le démon est également à l'œuvre.» Afin d'établir solidement au Tibet des institutions temporelles et spirituelles faites pour durer, Guru Rinpoché créa des conditions favorables et bénit l'environnement. Mais même dans une telle époque, il y eut des gens pour dire des choses qui n'aident guère. Il semble même qu'à l'occasion, le roi lui-même n'ait pas accompli tous les vœux de Guru Rinpoché.

Il est triste de noter ces faits. Bien-sûr, il existe d'autres manières de considérer les choses. Les bouddha et les bodhisattva n'ont rien d'autre à faire que d'œuvrer au bienfait de tous les êtres. Le Seigneur Avalokiteśvara, qui avait un lien privilégié avec le Tibet, a accompli de grandes choses grâce à ses nombreuses manifestations. Cependant, nous autres Tibétains devons aujourd'hui faire face à des problèmes sans fin. Et pourtant nous ne devons pas perdre espoir : la situation internationale est malléable et changeante. La vérité trouve appui, et la vérité est quelque chose de précieux. Nous avons jusqu'ici été capables de poser les fondations de notre avenir. Nous devrions tous œuvrer avec diligence pour notre intérêt personnel dans cette vie et dans les vies à venir, en prêtant également attention à la cause commune. Nous avons tous la chance de pouvoir étudier ce texte merveilleux. Il serait sage de notre part d'apprendre ses préceptes fondamentaux et d'essayer de transformer notre vie.

Dans le contexte des enseignements bouddhistes, le développement d'une attitude favorable est très important. Je vous exhorte

---

9 Il semblerait que Kamalaśīla mourut au Tibet, assassiné pour des raisons mal connues.

à m'écouter avec une motivation saine, en pensant : « Je vais écouter *Les Étapes de la méditation* du grand Kamalaśīla afin d'atteindre le suprême Éveil pour le bien des êtres dont le nombre est aussi vaste que l'espace est infini. » La qualité de toute action du corps, de la parole et de l'esprit est avant tout déterminée par la motivation. Toute action accomplie avec une motivation correcte mène à la vertu et au bonheur et devient ainsi une cause pour l'atteinte de l'Éveil à long terme. En revanche, quand cette bonne et saine motivation vient à manquer, même des pratiques apparemment spirituelles pourraient déboucher sur des conséquences néfastes en place de la vertu. Et puisqu'il arrive qu'entre elles la ligne de démarcation soit très ténue, chaquc individu se doit de porter une attention toute particulière à cet aspect de la motivation.

Dans ce texte, l'auteur présente l'essence de la voie des véhicules du Hīnayāna et du Mahāyāna. Il y expose la manière de pratiquer la bodhicitta relative ou conventionnelle et les six perfections[10] en mettant un accent particulier sur la méditation du calme mental et de la vision supérieure. Ceux d'entre vous qui sont des néophytes et ne sont pas coutumiers des modes et procédés de pratique des enseignements bouddhistes devraient essayer de se forger une compréhension cohérente de ce texte, parce qu'en vous appuyant sur cette connaissance, vous pourrez ensuite comprendre d'autres traités sans grandes difficultés. Ce texte peut être une clé qui permet d'ouvrir la porte de tous les autres grands ouvrages bouddhistes.

---

[10] Les six perfections ou pāramitā : la générosité, l'éthique, la patience, l'effort enthousiaste, la concentration méditative et la sagesse.

Chapitre I

QU'EST-CE QUE L'ESPRIT ?

Il n'est pas possible de produire l'omniscience sans causes, parce que s'il en était ainsi, tout participerait de l'omniscience en permanence. Si les choses étaient produites sans s'appuyer sur d'autres, elles existeraient sans contrainte — et il n'y aurait donc aucune raison pour que les choses ne soient pas omniscientes. Par conséquent, puisque toutes les choses efficientes s'élèvent seulement occasionnellement, elles dépendent strictement de leurs causes. L'omniscience est également rare parce qu'elle ne se produit pas en tous temps et en tous lieux, et que tout ne peut pas devenir omniscient. Il en résulte que celle-ci dépend définitivement de causes et de conditions.

D'après ce texte, il existe deux types de phénomènes existants : ceux qui existent de façon permanente et ceux qui existent par intermittence. Qu'implique donc l'existence de cette seconde sorte — une existence par moments et non à d'autres ? Une telle question s'élève naturellement. Elle implique la conséquence que les choses temporaires dépendent de causes. Le fait que certaines choses sont produites à certains moments prouve l'existence de causes. La déclaration selon laquelle certains phénomènes sont produits à certains moments et non à d'autres indique qu'ils ne sont pas produits indépendamment, mais plutôt qu'ils dépendent d'autres conditions. Par conséquent, tous ces phénomènes qui sont produits à certains moments et non à d'autres dépendent de causes et de conditions variées. Les causes peuvent être de différents types : causes substantielles, causes directes, causes indirectes, causes d'états semblables, causes concomitantes, et ainsi de suite. Il existe de même différents types de conditions, conditions immédiates, etc. Ces phénomènes qui dépendent de causes et de conditions changent donc par nature ; ils ne demeurent pas en un lieu et ne sont pas permanents.

Les phénomènes conditionnés peuvent à leur tour être classés en trois catégories — formes, conscience et n'appartenant ni à la forme ni à la conscience. La forme consiste en divers aspects tels que la configuration, la couleur, et ainsi de suite, que l'on peut voir par les yeux et toucher de la main. La conscience n'a ni forme ni couleur, elle ne peut être mesurée d'aucune manière en termes physiques, mais elle existe en tant que nature et capacité de sentir et de ressentir. Par ailleurs, le temps, qui n'a ni forme ni conscience, appartient à la troisième catégorie[11].

La sagesse transcendante omnisciente renvoie à la conscience qui connaît toutes choses. L'omniscience n'est pas une qualité que l'on trouve dans le sol, les cailloux, les rochers ou les montagnes. Elle est produite par quelque chose dont la fonction est d'être conscient des objets, et par conséquent, elle ne peut être produite par quelque chose qui n'a pas la propriété d'être conscient. Bien-sûr, l'état d'omniscience est le but ultime qui englobe toutes les perfections, et parmi les trois catégories de phénomènes conditionnés, on le classera dans la catégorie de la conscience. Connaître ou comprendre, telle est la fonction de l'esprit. Par exemple, quand nous disons : «je comprends» ou «je vois», et que nous éprouvons un sentiment à ce propos, cette expérience est produite par la conscience. Quand la conscience de l'œil perçoit une forme physique, nous disons : «je vois la forme physique» et quand

[11] Il s'agit des formations karmiques ne relevant ni de la forme (ou matière) ni de la conscience, catégorie qui regroupe toutes sortes de phénomènes et de concepts abstraits tels que ceux de lieu, de temps, de nombre, de collection, d'ordre ou de séquence, de lien, de distinction, de vitesse, de personne, de vie, d'impermanence, de naissance, de vieillesse, d'état de non-perception, de similarité d'espèce, les groupes de noms, de mots, de lettres, etc.

la conscience mentale éprouve du bonheur ou de la souffrance, nous disons : «je suis heureux» ou «je souffre». Ainsi, quand nous disons «j'éprouve», «je vois» ou «j'entends» et ainsi de suite, c'est la conscience qui opère en tant qu'agent. La conscience est donc ce qui possède la fonction de connaître.

Les consciences se diversifient selon l'éventail de leurs connaissances et dans leur intensité ou leur acuité. La conscience d'un être humain en est un exemple flagrant, si on la compare à une conscience animale. La perception d'un être humain est beaucoup plus large et peut comprendre un bien plus grand nombre d'objets. La conscience des êtres humains varie avec l'éducation et l'expérience — plus vous êtes éduqué, plus vous avez d'expérience, et plus votre conscience s'élargit. La connaissance et la compréhension se développent sur la base d'une conscience qui a la capacité de percevoir ses objets. Quand les conditions nécessaires sont réunies, sa capacité à percevoir augmente et le spectre de ses objets de connaissance se déploie, tandis que la compréhension s'approfondit. C'est ainsi que l'esprit peut développer son plein potentiel.

L'omniscience est l'apogée ou la perfection de la capacité mentale à percevoir les objets. L'esprit est omniscient en ce sens qu'il peut connaître toutes choses et chaque chose sans être entravé par des variations de temps et d'espace. La sagesse qui connaît toutes choses s'élève de la conscience et par définition, elle est le produit de causes et de conditions. Par conséquent, même la sagesse omnisciente ne peut survenir sans ses causes. S'il n'en était pas ainsi et qu'un esprit omniscient puisse s'élever sans causes, cela impliquerait que toute conscience serait omnisciente. Ceci parce que si des choses sont produites sans causes ni conditions, soit elles doivent exister de tout temps, soit elles doivent être totalement inexistantes. «Si des choses étaient produites sans s'appuyer sur d'autres choses, elles ne seraient passibles d'aucun empêchement en aucun lieu que ce soit.» C'est-à-dire que si les choses étaient produites sans dépendre d'autres causes et conditions, il n'y aurait aucune raison logique pour qu'elles soient bloquées à quelque niveau que ce soit. Puisqu'il n'en est pas ainsi, il est logique de dire que toutes choses ne peuvent être transformées en omniscience. Pour ces raisons, les phénomènes efficients peuvent être produits à certains moments et non à d'autres. À un certain moment, lorsque des conditions favorables se produisent et que des conditions adverses sont absentes, une conscience peut être transformée en omniscience, c'est-à-dire en connaissance de tous les phénomènes.

Puisque ces choses ne sont pas produites en tout temps et en tout lieu, il en résulte qu'elles dépendent de causes et de conditions. Au sein d'un réseau de dépendance vis-à-vis de causes et de conditions, ceux qui aspirent au fruit ultime de l'omniscience devraient en développer les causes et les conditions — les causes et les conditions complètes et correctes. À côté de cela, les aspirants doivent être très fortement motivés dans leur objectif. En conséquence, il est enseigné que l'omniscience dépend de causes et de conditions.

Comme l'explique Asaṅga dans le *Compendium de Connaissance*[12] à propos des effets engendrés par leurs causes et leurs conditions, les conditions sont : les conditions inchangeantes, les conditions impermanentes et les conditions potentielles. Ce qui a été dit plus tôt concerne les conditions impermanentes. Quand nous nous demandons comment l'omniscience peut être engendrée à partir de la conscience, nous parlons de ses conditions potentielles. La capacité d'être conscient des objets est une qualité propre à la conscience. La nature même de la conscience est d'être claire et consciente. Cela se manifeste sous l'aspect de l'objet qu'elle appréhende. Cet attribut de claire conscience n'est pas quelque chose de nouvellement créé par d'autres facteurs.

À présent, la question est de savoir comment la claire conscience peut croître et se déployer jusqu'à atteindre une échelle illimitée. La capacité d'être conscient de ses objets est propre à la conscience, mais il y a des choses qui empêchent l'esprit de s'ouvrir à une dimension de complète connaissance. La question suivante concerne la manière dont surgissent ces obstacles. Il nous faut

[12] l'*Abhidharmasamuccaya* d'Asaṅga, texte d'Abhidharma mahāyāna.

considérer comment de tels obstacles peuvent être dissipés. Ce qui empêche la conscience d'être clairement consciente de ses objets est l'ignorance, qui est la conception erronée d'une existence réelle, ce que l'on désigne aussi comme l'ignorance qui adhère à un extrême, celui de la réification.

Quand nous parlons d'ignorance, nous voulons dire soit que la conscience manque de certaines conditions favorables, soit que quelque condition adverse l'empêche d'être clairement consciente de son objet. L'ignorance de croire à tort à une existence réelle est la racine de tous les différents types d'ignorance, celle qui est aux commandes pour ainsi dire. Et cette ignorance est l'obstacle principal. Par l'analyse, nous en venons à la conclusion que cette ignorance est quelque chose qui doit être dissipé et éliminé. Les défauts de l'esprit naissent avant tout de l'ignorance et de son potentiel latent. Il nous faut procéder à un examen et déterminer si l'ignorance peut être séparée de l'esprit ou si l'ignorance peut cesser. Dans ce contexte, l'ignorance n'est pas une simple stupidité, mais la conception erronée d'une existence réelle. Il s'agit d'un esprit qui interprète de travers et de façon perverse son objet. Par conséquent, c'est en cultivant l'antidote d'une compréhension sans erreur que nous pouvons l'éliminer.

Mais aussi bien l'ignorance qui est croire à une existence réelle que son antidote dépendent de causes et de conditions. Ils sont semblables en ce sens qu'ils croissent tous deux lorsqu'ils sont en contact avec des conditions favorables, et cessent d'exister lorsqu'ils sont confrontés à des facteurs opposés. Nous pourrions nous demander : mais quelles sont les différences entre eux deux ? Puisque l'ignorance, qui est une conception erronée d'une existence réelle, est un esprit qui se trompe à propos de son objet, elle ne peut se développer indéfiniment. Il en est ainsi parce qu'elle n'a pas de support valable. Cet esprit est dans l'erreur ou pervers en ce sens qu'il conçoit l'objet d'une manière qui est contraire au mode d'existence véritable de l'objet. L'esprit qui perçoit l'inexistence du soi en est l'antidote ou le contrecarrant, et ne se méprend pas sur son objet. C'est-à-dire qu'il est correct à l'égard de son objet, ce qui signifie que la manière dont il perçoit son objet est conforme au mode d'existence authentique de l'objet. Et puisqu'il n'est pas une perception erronée, il possède un support valable.

Il a déjà été établi que l'on peut venir à bout de l'ignorance qui est croire à tort à une existence réelle. C'est possible parce que l'esprit ignorant n'a pas pour support une cognition valide[13].

Par contre, l'esprit qui perçoit la nature insubstantielle d'un objet a pour support une cognition valide. Il existe une complète contradiction dans la manière dont ces deux esprits perçoivent respectivement les objets. L'esprit qui perçoit la nature dépourvue de soi d'un objet est un antidote puissant contre l'esprit ignorant, et c'est pourquoi l'esprit ignorant peut être vaincu. Ceci est analogue à la manière dont on peut réduire un aspect de la souffrance humaine lorsque l'on applique les mesures appropriées pour le contrer. C'est dans la nature des choses que leur potentiel puisse être réduit à néant quand on lui oppose des facteurs contraires.

L'esprit qui perçoit la réalité est conçu comme une conscience claire transcendante, une qualité de l'esprit. Il a pour support une cognition valide. La nature de l'esprit est telle que lorsque vous l'accoutumez aux qualités, celles-ci peuvent être développées sans limites. À la différence de celles de l'esprit, les qualités du corps n'ont pas cette capacité de pouvoir croître au point de dépasser toute limite. Ceci est simplement dû au fait que le corps est composé d'éléments grossiers et que les attributs de telles formes grossières n'ont pas le potentiel de se développer sans limites.

Quand on dit que l'esprit ignorant est pervers ou dans l'erreur, on parle de la manière dont il se méprend à propos de la réalité. Les questions pertinentes sont donc celles-ci : Qu'est-ce que la réalité ? Comment l'esprit se méprend-il à propos de la réalité ? Et de quelle

---

[13] tib. *tshad ma*, sk. *pramāṇa*. Une cognition valide ou moyen de connaissance juste (ou avéré) est une cognition qui permet d'appréhender sans tromperie un objet de connaissance. Selon le bouddhisme, il en existe deux sortes : les perceptions directes (tib. *mngon sum*, sk. *pratyakṣa*) et les inférences qui permettent de connaître un phénomène partiellement caché grâce au raisonnement logique (voir chapitre III).

manière l'esprit appréhende-t-il faussement la réalité ? La réalité ou la vacuité d'existence réelle est quelque chose que l'on doit établir par la logique. Il existe des raisons valables et parfaites qui prouvent la vacuité d'existence inhérente, et nous pouvons nous en convaincre par ces raisons. En revanche, il n'existe aucune manière logique de prouver l'existence réelle. L'existence réelle est ce qui apparaît à une conscience ordinaire non entraînée. Mais quand on la soumet à une analyse logique rigoureuse, on ne peut la trouver. Même dans la vie courante, on voit souvent une contradiction entre la manière dont certaines choses nous apparaissent et leur véritable mode d'existence ; c'est que le mode d'existence réel des choses est différent de la manière dont elles paraissent exister. On peut facilement trouver de quoi illustrer cela : dans les activités mondaines, on parle souvent de quelqu'un qui est déçu ou désillusionné. La désillusion provient du fossé qui sépare la manière dont se présente une situation et ce qu'elle est vraiment.

Examinons donc notre situation en tant qu'être humain. En comparaison de celui des animaux, notre esprit est infiniment plus puissant. Il nous est possible d'analyser s'il y a une réalité par-delà le niveau de l'apparence, tandis que les animaux ne traitent que ce qui leur apparaît. C'est évident, tout autant que différentes personnes ont différentes capacités mentales. À y regarder de plus près, nombreux sont les esprits qui sont habituellement considérés comme des connaisseurs valides et qui sont aussi dans l'erreur à un niveau plus profond. Le véritable mode d'existence des phénomènes est autre que ce qui apparaît à de tels esprits. Nous percevons habituellement la réalité ou la vacuité comme existant différemment de leur mode d'existence vrai. Notre perception de choses impermanentes telles que les chaînes de montagnes et les maisons n'est pas conforme à leur mode réel d'existence. Certaines de ces choses existent depuis de nombreux siècles et même des milliers d'années. Et notre esprit les perçoit seulement ainsi — comme durables et permanentes, insensibles aux changements temporels. Pourtant, si nous examinons ces objets au niveau atomique, ils se désintègrent à chaque instant et subissent des changements constants. La science décrit également cette forme de changement. Ces objets paraissent solides, stables et durables, mais dans leur vraie nature, ils changent constamment, sans rester immuables un seul instant.

Chapitre II

L'ENTRAÎNEMENT DE L'ESPRIT

Il est essentiel d'étudier et d'acquérir une éducation. L'entraînement de l'esprit est un processus d'accoutumance. Dans le contexte bouddhiste, l'accoutumance ou méditation s'adresse à la transformation positive de l'esprit, c'est-à-dire à l'élimination de ses défauts et à l'amélioration de ses qualités. Par la méditation, nous pouvons entraîner notre esprit d'une manière telle que les défauts sont abandonnés et les qualités engendrées et rehaussées. En général, nous parlons de deux types de méditation : analytique[14] et unifiante[15]. Pour commencer, on soumet l'objet de notre méditation à un processus analytique par lequel on tente de se familiariser avec le sujet de manière répétée. Quand le pratiquant a obtenu une certaine conviction concernant l'objet de méditation, il concentre son esprit sur lui sans plus d'analyse. La combinaison des méditations analytique et de concentration est une technique efficace pour habituer l'esprit à l'objet méditatif et aide ainsi à entraîner correctement l'esprit.

Nous devons reconnaître qu'il est important d'entraîner l'esprit. Cela découle du fait fondamental que tout un chacun désire profondément le bonheur et ne veut pas souffrir. C'est une caractéristique naturellement présente chez l'homme, nul besoin de la fabriquer. Ce désir n'est pas illégitime. Mais la question est : comment nous y

---

[14] tib. *dpyad-sgom*

[15] tib. *rtse-gcig*, en un seul point, unipointée, équivalent ici de *'jog-sgom*, méditation d'accès ou de concentration directe sur un objet, sans raisonnement impliqué.

prenons-nous pour réaliser le bonheur et écarter la souffrance ? Le but fondamental de l'éducation, par exemple, est de donner les moyens d'obtenir le bonheur et d'éviter le malheur. Les individus traversent le processus éducatif afin de pouvoir jouir d'une vie sensée et du succès. Avec l'éducation, nous pouvons accroître le bonheur et réduire la souffrance. L'éducation prend différentes formes ; néanmoins, toutes se ramènent essentiellement à nous aider à entraîner et à forger l'esprit. L'esprit commande le corps et la parole, et par conséquent, tout entraînement du corps et de la parole doit commencer par celui de l'esprit. En d'autres termes, pour qu'un entraînement physique et oral prenne place, il doit d'abord y avoir une motivation. L'esprit voit les avantages d'un tel entraînement et développe de l'intérêt pour lui. Le propos de l'entraînement de l'esprit est de rendre notre vie satisfaisante. Par ce processus d'entraînement de l'esprit, nous apprenons nombre de choses nouvelles et nous sommes aussi capables de détecter et d'identifier quantité de défauts ou de choses qui peuvent être éradiqués ou corrigés. Maintenant, la tâche à laquelle nous devons nous atteler consiste à découvrir les moyens et les méthodes qui pourrons nous rendre capables d'une part d'éliminer ce qui est erroné et d'autre part de rassembler les conditions propices à la transformation de notre esprit. C'est d'une importance cruciale. Dans notre vie quotidienne, l'éducation nous aide à trouver les facteurs nécessaires qui nous mènent au bonheur. Au cours de ce processus, nous sommes aussi capables d'abandonner les facteurs qui nous rendent malheureux. C'est ainsi que par l'éducation, nous tendons à rendre notre vie heureuse et digne d'être vécue.

Si nous examinons notre vie dans le contexte de la société, nous constatons que l'éducation y joue un rôle vital. Notre réussite dans une situation donnée dépend de notre attitude physique, verbale et mentale. Et puisque l'esprit est le patron, un esprit discipliné est essentiel. Les joies ou les peines de la vie dépendent du pouvoir ou de l'intelligence de l'esprit. Et la manière dont ces expériences affectent notre vie dépend aussi de notre esprit. Le comportement de notre corps, de notre parole et de notre esprit actuels peuvent aussi déterminer notre condition future. Et ceci à son tour dépend de la tournure de notre esprit. Quand nous utilisons mal notre potentiel intellectuel, nous faisons des erreurs et souffrons de leurs conséquences déplaisantes. À l'opposé, quand le potentiel intellectuel est habilement exploité, nous jouissons de résultats favorables et agréables. Nos états d'esprit et la manière dont l'esprit perçoit différentes choses nous affectent énormément. Parce qu'elles contrôlent leur esprit, certaines personnes ne sont que très peu perturbées par l'échec et les circonstances adverses. C'est un exemple suffisamment clair qui montre pourquoi il est si important de dompter et d'entraîner son esprit.

Après avoir considéré l'importance de l'entraînement de l'esprit, nous pourrions nous soucier de ce qu'est l'esprit. Si vous le leur demandez, la plupart des gens se grattent la tête puis désignent leur cerveau. C'est en partie vrai, parce que nous parlons plus précisément de l'esprit humain. L'esprit humain n'existe pas indépendamment du corps humain. On désigne comme conscience humaine une conscience qui a une relation particulière avec un corps humain. Et on désigne comme conscience animale une conscience qui a une relation particulière avec un corps animal. L'esprit humain ou la conscience dont nous parlons à présent est constitué d'un grand nombre d'états d'esprit, les uns subtils et les autres grossiers. Nombre de ceux qui sont de type grossier sont liés à un organe sensoriel tel que l'œil, et beaucoup sont définitivement liés au cerveau. Il est évident que ces bases ou facteurs externes sont essentiels pour la manifestation d'une conscience. Mais la principale cause de tout esprit est le moment de conscience qui précède et dont la nature est clarté et conscience claire. C'est ce que l'on veut dire par condition immédiate.

Les *Quatre cents stances*[16] d'Āryadeva mentionnent l'exigence logique selon laquelle la cause originelle d'une conscience doit avoir le potentiel de se transformer et posséder une nature à la fois claire et consciente. S'il en était autrement, la conscience ne pourrait jamais être produite, ou bien elle serait produite en tout

---

[16] Le *Caturśataka*, ouvrage du principal disciple de Nāgārjuna dans lequel il explicite la pensée de son maître.

temps, ce qui est évidemment inacceptable. Toute action laisse une trace au sein de notre conscience mentale[17] et en conséquence, nous pouvons nous rappeler l'expérience au bout d'un mois ou d'une année, ou même dix ans plus tard ou plus. C'est ce que l'on appelle réveiller une force latente. Cette force a été transmise par la continuité de la conscience, et lorsque les conditions nécessaires viennent à jouer, l'empreinte latente du passé refait surface. Ainsi, nous parlons du réveil d'empreintes latentes des vies passées. Toutefois, le lien entre l'esprit et le cerveau ne suffit pas à décrire les aspects subtils d'une force latente. La compréhension de cette notion de force latente peut nous aider à gagner une certaine appréciation de ce qu'est la vie ainsi que la formation et la désintégration de l'univers. Elle peut également résoudre certains doutes concernant notre pensée humaine, nos superstitions et toutes sortes de projections mentales.

La philosophie bouddhiste décrit très clairement les instructions et les méthodes à l'aide desquelles il sera possible d'obtenir un esprit omniscient, la qualité la plus élevée de l'esprit qui n'est autre que l'apogée de son potentiel et de son pouvoir. Pour réaliser le fruit ultime qu'est l'esprit omniscient, nous avons besoin de nous entraîner à réunir ses causes complètes et justes. Nous devons aussi nous assurer que nous suivons l'ordre correct de l'entraînement. C'est pourquoi le texte poursuit :

> **Et parmi ces causes et ces conditions, vous devriez cultiver les causes correctes et complètes. Si vous mettez en pratique des causes erronées, même si vous travaillez dur et fort longtemps, le but désiré ne sera pas achevé. Ce sera comme vouloir traire une corne [de vache]. De même, le résultat ne se produira pas si toutes les causes n'ont pas produit leur effet. Par exemple, que la graine ou toute autre cause manque,**

---

[17] Il s'agit de l'empreinte ou trace karmique (sk. *vāsanā*, tib. *bag-chags*), qui s'imprime dans la conscience à chaque fois qu'un acte est accompli, et qui porte la semence d'une situation future de même nature que l'acte qui vient d'être accompli.

et le résultat, la pousse, ne sera pas produit. En conséquence, ceux qui désirent un résultat particulier se doivent de cultiver ses causes et ses conditions au complet et sans erreur.

À côté de la réunion des causes correctes au complet, l'entraînement dans le bon ordre des causes est essentiel pour permettre à l'esprit de s'ouvrir et de devenir omniscient. Par exemple, pour préparer un plat délicieux, le simple fait de rassembler les ingrédients nécessaires ne suffit pas. Nous avons besoin de savoir comment combiner les différents produits tels que l'huile, les épices, et ainsi de suite, afin d'obtenir la saveur désirée.

Si vous vous demandez : «Quelles sont donc les causes et les conditions du fruit ultime de l'omniscience ?», [moi-même], qui suis semblable à un aveugle, ne suis peut-être pas capable de vous les expliquer, mais j'utiliserai les propres mots du Bouddha tels qu'il les prononça devant ses disciples après son Éveil. Il dit alors : «Vajrapāṇi, Seigneur des Mystères, la sagesse transcendante de l'omniscience plonge ses racines dans la compassion et émerge de causes : la pensée altruiste, l'esprit d'Éveil de la bodhicitta et la perfection des moyens habiles.» Par conséquent, si vous êtes intéressé par l'atteinte de l'omniscience, vous devez pratiquer ces trois choses : la compassion, l'esprit d'Éveil, ou bodhicitta, et les moyens habiles.

Ici, Kamalaśīla cite les mots du Bouddha et établit quelles sont les causes correctes et les moyens d'accomplir l'omniscience. Il dit que quiconque souhaite atteindre l'omniscience devrait pratiquer l'esprit d'Éveil de la bodhicitta, laquelle s'appuie sur la compassion. La pratique devrait être soutenue par les six perfections, en mettant un accent particulier sur l'union des méditations du calme mental et de la vision supérieure. Par conséquent, on devrait considérer que les aspects de la pratique dénommés la méthode et la sagesse sont complémentaires au point d'être inséparables. Autre implication : la compassion est la racine de la doctrine du Bouddha, et le corpus entier des enseignements compris dans le grand véhicule et le véhicule moindre repose sur la base de la compassion.

Chapitre III

LA COMPASSION

Émus par la compassion, les bodhisattva prennent le vœu de libérer tous les êtres.

La compassion est essentielle au stade initial, mais aussi au milieu et à la fin du développement spirituel. D'après cet enseignement populaire, les bodhisattva, les grands êtres qui sont animés d'une forte motivation et mûs par la compassion, font le serment d'atteindre l'état d'omniscience pour le bien de tous les êtres. Cette détermination est l'esprit d'Éveil de la bodhicitta, qui est une pensée altruiste née de la compassion.

Puis, venant à bout de leurs vues égocentriques, ils s'engagent avec ardeur et continuellement dans les très difficiles pratiques de l'accumulation de mérites et de la vue profonde.

Grâce au pouvoir obtenu en développant l'esprit d'Éveil de la bodhicitta, ils endurent l'entraînement des bodhisattva, qui comprend les six perfections, sans se demander combien de temps cela prendra pour l'accomplir. Résultat, ils deviennent graduellement capables d'accumuler d'immenses mérites et une vue profonde sans beaucoup d'efforts.

Étant ainsi entrés dans cette pratique, ils vont à coup sûr parachever l'accumulation de mérites et de la vue profonde. On compare cet accomplissement de l'accumulation [double] de mérites et de la vue profonde au fait d'avoir l'omniscience elle-même dans

la paume de la main. Par conséquent, et puisque la compassion est l'unique source de l'omniscience, vous devriez vous accoutumer à cette pratique dès le tout début.

Ici, l'auteur mentionne que la compassion est l'*unique* source ou le seul fondement de l'omniscience. Le mot "unique" permet d'insister sur le fait que la compassion est une cause essentielle de l'omniscience, mais ne sert pas à nier la présence d'autres causes et conditions. Il met l'accent sur le fait que la compassion est une cause nécessaire, parce que l'omniscience ne peut être accomplie sans la compassion. Mais si la compassion seule suffisait, cela contredirait la déclaration précédente à propos de la nécessité de s'entraîner à la compassion, à l'esprit d'Éveil de la bodhicitta et aux moyens habiles.

On lit dans le *Compendium du parfait Dharma*[18] : «Ô Bouddha, un bodhisattva ne devrait pas s'entraîner à de nombreuses pratiques. Si un bodhisattva s'en tient correctement à un seul Dharma et l'apprend à la perfection, il réunit toutes les qualités d'un bouddha dans la paume de la main. Et si vous demandez quel est ce Dharma, il s'agit de la grande compassion.»

Ici, le Bouddha insiste fortement sur l'importance de la compassion. C'est sur la base de la compassion que l'on engendre l'esprit d'Éveil de la bodhicitta, et que les individus s'engagent dans les activités d'un bodhisattva, atteignant ainsi l'Éveil. Cette thèse a son corollaire : sans compassion, vous ne pouvez pas cultiver le suprême esprit d'Éveil de la bodhicitta qui prend davantage soin des autres que de soi-même. Sans cette attitude altruiste, il est impossible de pratiquer les activités de bodhisattva du Mahāyāna telles que les six perfections. Et si vous ne suivez pas cette procédure, il vous est impossible d'achever l'état omniscient de la bouddhéité. Voilà pourquoi la compassion a tant d'importance.

---

[18] Le *Dharmasaṃgītisūtra*, tib. *Chos yang dag par bsdud-pa'i mdo.*

Les Bouddha ont déjà achevé leur propre but[19], mais demeurent dans le cycle des existences aussi longtemps qu'il y demeure des êtres. Il en est ainsi parce qu'ils sont animés d'une grande compassion. Ainsi, ils n'entrent pas dans le séjour immensément béatifique du nirvāṇa comme le font les Auditeurs. En considérant avant toute chose l'intérêt des êtres, ils abandonnent le séjour paisible du nirvāṇa comme s'il s'agissait d'un édifice de métal incandescent. Par conséquent, seule la grande compassion est la cause inévitable du nirvāṇa non-statique des bouddha.

La compassion est éminement louée dans de nombreux traités et on ne peut qu'insister sur son importance. Candrakīrti rend un riche hommage à la compassion, en disant qu'elle est essentielle aux étapes initiale, médiane et finale de la voie vers l'Éveil.

Tout d'abord, on engendre l'esprit d'Éveil de la bodhicitta en prenant pour base la compassion. La pratique des six perfections, etc., est essentielle quand un bodhisattva se prépare à l'atteinte du but final. Dans l'étape intermédiaire, la compassion est également pertinente. Même après l'Éveil, c'est la compassion qui incite les bouddha à ne pas demeurer dans l'état béatifique d'un nirvāṇa autosatisfaisant[20]. C'est la force motivante qui rend les bouddha capables d'entrer dans le nirvāṇa non-statique[21] et d'actualiser le Corps absolu[22], qui représente l'accomplissement de leur propre but,

---

19 C'est-à-dire l'Éveil complet par la réalisation de la sagesse.

20 Selon le Mahāyāna, le nirvāṇa dans lequel demeurent les arhat du Hināyāna est un nirvāṇa statique (sk. *pratiṣṭhanirvāṇa*), un état de cessation de la souffrance et de ses causes, et de retrait définitif du saṃsāra, sans possibilité d'aider les êtres qui y sont encore plongés.

21 Toujours selon le Mahāyāna, les āryabodhisattvas et les bouddhas, bien qu'affranchis du saṃsāra et de ses causes, ne cessent pas pour autant d'œuvrer au bien des êtres souffrants en produisant des Corps formels au service d'autrui. Leur nirvāṇa est donc appelé "non-statique" (sk. *apratiṣṭhanirvāṇa*), à la différence de celui des arhat.

22 le dharmakāya (tib. chos-sku) ou actualisation de la sagesse de la vacuité.

et les Corps formels[23], qui représentent l'accomplissement des besoins d'autrui. Ainsi, c'est par le pouvoir de la compassion que les bouddha servent sans relâche les intérêts des êtres, aussi longtemps que l'espace durera. Ceci démontre que l'importance de l'esprit d'Éveil de la bodhicitta demeure cruciale même après l'atteinte de la destination finale. La référence de Kamalaśīla à un autre traité composé par Candrakīrti soutient la validité de cette thèse et présente également l'avantage de lui permettre de persuader son audience.

En général, dans la tradition bouddhique, on ne doit pas tenter de prouver des vues philosophiques par le seul moyen des autorités scripturaires. En fait, les individus doivent avant tout s'appuyer sur la logique et les raisonnements pour faire naître foi et conviction dans la philosophie. On peut grossièrement classer les objets de connaissance en phénomènes évidents, en phénomènes partiellement cachés et en phénomènes complètement cachés. Il n'est nul besoin de la logique pour prouver l'existence des phénomènes évidents. Nous pouvons les éprouver et les comprendre directement, et ainsi confirmer leur existence. Mais puisque les phénomènes partiellement cachés ne peuvent être confirmés par l'expérience directe, leur établissement nécessite l'emploi de la logique. L'objet de l'analyse est alors compris par une cognition inférentielle qui s'appuie sur l'expérience. Quelques raisonnements peuvent être nécessaires pour atteindre ce but. Mais les gens dont la compréhension en est encore à un stade initial de développement ne peuvent résolument pas examiner les phénomènes complètement cachés à l'aide de la science logique. De même, on peut difficilement établir l'existence de tels phénomènes de par notre propre expérience. C'est donc à ce niveau que nous devons nous appuyer sur une autorité scripturaire valide.

---

23 les rūpakāya (tib. *gzugs-sku*), qui comprennent deux aspects : le Corps de jouissance ou saṃbhogakāya (tib. longs-sku) qui se manifeste aux grands bodhisattvas, et le Corps d'apparition ou de manifestation (sk. *nirmāṇakāya*, tib. *sprul-sku*) qui apparaît aux êtres animés pour les guider vers la libération et l'Éveil.

La fiabilité ou l'autorité des enseignements scripturaires doit donc être établie en premier. Pareillement, la valeur ou la crédibilité de l'enseignant qui donna de tels enseignements doit avoir été prouvée. L'autorité des écritures doit pouvoir supporter une analyse triple — que les enseignements concernant des phénomènes évidents ne soient pas contredits par la perception directe ; que les enseignements concernant les phénomènes partiellement cachés ne soient pas contredits par la cognition par inférence ; et que les enseignements à propos des phénomènes très obscurs ne soient pas contredits par la connaissance inférentielle s'appuyant sur la foi. Et à son tour, la validité d'une telle autorité scripturaire devrait être soumise au test du raisonnement logique.

Comme il est dit que les enseignements sont justes ou valables eu égard au sens principal ou au but premier, leur validité concernant d'autres buts peut être déterminée par l'inférence. Notre but principal est l'état de bien définitif [le nirvāṇa ou omniscience], tandis que l'obtention d'une renaissance favorable en tant qu'être humain ou dieu est un but ordinaire. Donc, lorsqu'on ne décèle aucune faute par l'examen logique dans des enseignements qui proposent une progression vers la réalisation du bien ultime, il est tout simplement impossible que de tels enseignements soient erronés en ce qui concerne les buts ordinaires. C'est une question de bon sens que lorsqu'une chose est vraie à propos des aspects difficiles d'une problématique, elle l'est d'autant plus en ce qui concerne des sujets simples.

En outre, l'enseignant qui dispensait ces enseignements était une personne respectable et fiable. Il tenait sa réalisation de la pratique de la compassion, et puisqu'il possédait une grande compassion, il était authentiquement motivé pour aider tous les êtres. C'est poussé par cette grande compassion, qu'il donna ces enseignements afin de montrer le déroulement du cheminement qui l'avait aidé à éliminer les obstacles et à les transcender dans l'état de la plus haute perfection. Le Bouddha enseigna à la lumière de sa propre expérience, et puisqu'il possédait la réalisation directe de la réalité ultime, il était extrêmement compétent pour révéler la vérité. Son dévouement inconditionnel était infatigable, préparé qu'il était depuis des éons à œuvrer dans l'intérêt des êtres, quelle que soit la tâche exigée. Comprendre ces points et y réfléchir devrait nous aider à nous convaincre de la validité de ses enseignements.

C'est pour ces raisons qu'il est sage, dit-on, de citer textuellement certains enseignements pour étayer une thèse ou une pratique. Un tel procédé vise un but important — dissiper nombre de doutes injustifiés et ouvrir de nouvelles perspectives.

Chapitre IV

DÉVELOPPER L'ÉQUANIMITÉ, LA SOURCE DE L'AMOUR BIENVEILLANT

La compassion est l'une des causes majeures pour la réalisation de l'état d'omniscience. Elle est importante au début de la pratique, durant la pratique et même après avoir obtenu le résultat de notre effort spirituel. Maintenant, la question est : comment devrions-nous méditer dessus ?

La manière de méditer sur la compassion sera enseignée dès le départ. Commencez la pratique en méditant sur l'équanimité. Essayez d'actualiser l'impartialité à l'égard de tous les êtres en éliminant attachement et haine.

La compassion est un état d'esprit qui se concentre sur les êtres souffrants, le souhait de les libérer de la souffrance. Elle peut être de trois types, selon l'aspect de la sagesse qui l'accompagne. Il s'agit de la compassion concentrée sur les êtres, de la compassion concentrée sur les phénomènes et de la compassion concentrée sur l'inconcevable. Toutes trois sont identiques en ce sens qu'elles sont des dispositions d'esprit où l'on désire ardemment libérer les êtres de leur détresse. Elles se distinguent non pas en termes d'aspect, mais en termes d'objet de fixation, car toutes trois ont le même aspect, le souhait de soustraire les êtres à la souffrance. La compassion qui se concentre sur les êtres est ainsi nommée parce qu'elle se concentre simplement sur les êtres sans s'occuper de leurs caractéristiques telles que leur impermanence ou leur vacuité d'existence inhérente. La compassion concentrée sur les phénomènes est une compassion qui ne se fixe pas uniquement sur les êtres mais aussi sur les êtres en tant que caractérisés par l'impermanence. De manière semblable, la compassion concentrée sur l'inconcevable renvoie à la compassion qui se focalise sur les êtres caractérisés par l'inconcevable, c'est-à-dire leur absence d'existence inhérente.

Quand nous le considérons sous un autre angle, il existe un mérite évident dans le fait d'engendrer une pensée bienveillante. Ceci est valable que vous soyez ou non croyant d'une religion particulière. La bonté globale d'une personne est en corrélation directe avec la force et la qualité de la pensée bienveillante qu'elle cultive. Une personne gentille trouvera beaucoup d'admirateurs et ces derniers se sentiront proches d'elle. Nous pouvons observer ce phénomène même chez les animaux. Ces derniers manifestent du plaisir et une grande joie lorsqu'ils voient une personne qui est bonne avec eux. Et ils adorent se trouver dans l'environnement de cette personne. À l'opposé, les gens agressifs qui fomentent de mauvais coups sont considérés avec suspicion, y compris par les animaux et les oiseaux. Ceux-ci s'enfuient lorsqu'ils entendent leur voix ou même le bruit de leurs pas. Par conséquent, une bonne motivation ou un cœur empli de bonté constituent une qualité extrêmement précieuse.

Les gens qui ont de la compassion sont aimables envers tout un chacun et leur nature agréable leur attire toutes sortes d'amis. Il est facile d'observer l'attrait qui émane de leur motivation compatissante en remarquant que même des étrangers ont plaisir à les côtoyer. Prenons quelques exemples simples pour illustrer ce qu'est la bonté. Ne serait-ce que lorsque quelqu'un sourit, il crée de la joie dans le cœur des autres gens sans que cela lui en coûte rien. À moins d'être paisible et le cœur en joie, nous n'avons aucune garantie de nous faire des amis, même si nous possédons une grande fortune. Lorsque nous sommes compétitifs et agressifs, il nous est difficile d'en obtenir des bienfaits substantiels même si nous prodiguons nos richesses aux autres. Au contraire, ceux qui sont sincèrement intéressés par le fait d'aider autrui ont la paix et la joie au cœur. Ils créent une atmosphère d'harmonie autour d'eux.

Il devrait donc être clair qu'un cœur bienveillant et une attitude secourable constituent les fondements du bonheur, tant pour les autres que pour soi-même, ceci dès maintenant et pour toujours.

Les qualités produites par des intentions secourables sont largement reconnues comme saines et désirables. Toutes les grandes religions du monde enseignent à leurs adeptes comment devenir de bons êtres humains, à pratiquer la patience et à développer une attitude altruiste. Il y a unanimité quant à la valeur positive attachée à ces principes fondamentaux. C'est particulièrement vrai dans le bouddhisme, où la doctrine est fondée sur la compassion, et où l'on insiste beaucoup sur cette pratique.

Quelle est donc la technique bouddhiste pour méditer sur la compassion ? D'un côté, nous avons besoin de développer l'amour bienveillant à l'égard des êtres souffrants et de l'autre, nous devons identifier la nature de la souffrance. En gardant à l'esprit ces deux points, et en concentrant notre esprit sur le nombre infini des êtres, nous serons à même d'engendrer un puissant souhait : que tous obtiennent de s'affranchir de la souffrance et de ses causes. Nous devrions amorcer le processus en tentant de développer l'amour bienveillant envers des êtres plongés dans l'affliction. C'est dans ce but que l'on enseigne la méditation sur l'équanimité.

Si nous examinons notre fonctionnement ordinaire, nous pouvons constater que nous répartissons les êtres en trois groupes — ceux dont nous nous sentons proches, ceux envers lesquels nous ressentons de l'aversion et ceux qui nous sont indifférents. Nous considérons certains êtres comme des amis intimes et des proches. Nous maintenons les autres à distance, avec l'idée qu'ils nous ont fait du mal, à nous, à nos amis, à nos proches, qu'ils nous ont dérobé nos possessions dans le passé, qu'ils le font à présent et qu'ils feront la même chose à l'avenir. C'est avec de telles pensées que nous engendrons de l'aversion envers ces êtres. Dans de telles conditions, même si nous parlons de cultiver la compassion à l'égard de tous les êtres, en réalité, tant que nous pensons à nos propres intérêts, notre compassion pour autrui restera sélective et superficielle. Il en résulte que pour engendrer une véritable compassion pour tous les êtres, nous devons tout d'abord développer une attitude d'équanimité, une pensée impartiale qui considère tous les êtres à égalité.

Il est également important de reconnaître que, bien que nous nous sentions proches de nos amis et de nos parents et que nous soyons généralement bons à leur égard, cette bonté jaillit de l'attachement et de la possessivité. Un motif égoïste se tapit derrière notre gentillesse apparente. Nous sommes partiaux, pensant : «cette personne m'a fait du bien de telle façon, ou, cette personne m'est proche pour telle raison». De ce fait, quand nous utilisons le terme "gentillesse" dans la vie courante, nous désignons quelque chose qui devrait plus justement être nommé attachement.

Que veut-on dire quand on parle d'une bonté vraiment compatissante ? La compassion est essentiellement le souci du bien-être d'autrui — de leur bonheur et de leur détresse. Les autres souhaitent autant que nous-mêmes éviter la souffrance. Aussi, une personne dotée de compassion se sent-elle concernée lorsque les autres ressentent de la souffrance, et développe-t-elle une intention positive pour les en libérer. En tant qu'êtres ordinaires, notre sentiment de proximité avec nos amis et nos parents n'est guère plus qu'une simple expression du désir-attachement, attitude qui doit être tempérée et non encouragée. Il est important de ne pas confondre attachement et compassion. Dans certains textes, le terme "attachement" est utilisé pour désigner la compassion. Bien que l'attachement partage quelques similitudes avec la compassion, sa production est en liaison directe avec la croyance erronée en une existence réelle. À l'opposé, la compassion ne dépend pas nécessairement de cette conception erronée de l'existence réelle. Une pensée de compassion a pour mobile le vœu d'aider les êtres à se délivrer de leur souffrance.

En gros, il existe deux techniques principales pour développer l'équanimité. Dans la première, nous réfléchissons sur l'incertitude des relations humaines, sur l'impermanence et la souffrance, et nous en venons à considérer combien il est futile de s'attacher à quelques personnes tout en haïssant les autres. Selon la seconde technique, en voyant que tous les êtres sont identiques dans le sens que tous souhaitent obtenir le bonheur et se libérer de la souffrance, nous essayons de développer une attitude impartiale à l'égard de tous les êtres. Le texte racine résume brièvement cette seconde méthode pour développer l'équanimité :

> **Tous les êtres désirent le bonheur et ne souhaitent pas la souffrance. Pensez profondément ainsi : «dans ce cycle d'existences sans commencement, il n'existe pas un seul être qui n'ait été mon ami ou un parent des centaines de fois. Par conséquent, puisque s'attacher à quelques êtres en haïssant les autres ne repose sur aucun fondement, je vais développer l'esprit d'équanimité à l'égard de tous les êtres». Commencez la méditation sur l'équanimité en pensant à une personne qui vous est indifférente, puis considérez les gens qui sont vos amis et enfin ceux qui sont vos ennemis.**

Tous les êtres sont exactement semblables en ce sens que tous désirent le bonheur et cherchent à éviter le malheur. Nous ne sommes pas des entités isolées sans aucun lien avec les autres. Le bonheur et la souffrance des autres êtres nous affectent. Cette relation mutuelle est évidente. Les êtres ont été bons à notre égard, nous dispensant leurs bienfaits directement et indirectement depuis des temps sans commencement. Ces êtres sont intrinsèquement semblables à nous-mêmes dans leur quête du bonheur et dans leurs efforts pour éviter la souffrance. Il est donc très logique pour nous de nous entraîner à cultiver une attitude impartiale en souhaitant le bonheur de tous les êtres.

Afin de manifester réellement un état d'esprit qui considère chacun avec égalité, il peut être plus efficace, à certains moments, de méditer sur des individus en particulier. Visualisez trois individus : un premier qui vous a causé du tort dans cette vie, votre ennemi ; un autre qui vous a fait du bien directement, votre ami ; et un dernier qui ne vous a fait ni bien ni mal, un étranger.

Quand nous examinons la réponse usuelle et automatique de l'esprit, nous remarquons qu'à propos de l'ennemi, l'esprit pense : "il est mon ennemi." On devient irrité, plein de ressentiment ou haineux. En pensant à l'ami, l'esprit se sent détendu et à l'aise. À l'égard de l'étranger, il ne ressent ni irritation ni sentiment de plaisir. L'étape suivante consiste à rechercher les raisons de ces types de réponses. Les raisons sont en vérité superficielles et ne sont fondées que sur des attitudes étroites et égoïstes. Nous sommes attachés aux amis et aux proches à cause du bienfait temporaire qu'ils nous ont apporté dans cette vie. Nous haïssons nos ennemis à cause de quelque mal qu'ils nous ont infligé. Or, les gens ne sont pas nos amis de naissance, mais le deviennent à cause des circonstances. Nos ennemis non plus ne sont pas nés hostiles. De telles relations ne sont absolument pas fiables. Au cours de notre vie, notre meilleur ami d'aujourd'hui peut devenir notre pire ennemi de demain. Et un ennemi tant haï peut se changer en l'ami dans lequel nous avons le plus confiance. D'ailleurs, si nous évoquons nos nombreuses vies passées, l'instabilité de telles relations devient plus qu'évidente. Pour ces raisons, l'animosité envers nos ennemis et l'attachement à l'égard de nos amis ne font que révéler l'attitude étroite de notre esprit qui ne peut considérer que quelques avantages temporaires et fluctuants. Au contraire, si on considère les choses dans une plus vaste perspective, avec plus de clairvoyance, l'équanimité va poindre dans notre esprit et nous permettre de voir la futilité de l'hostilité et du désir tenace.

Lorsque par une méditation prolongée vous parvenez à égaliser vos sentiments à l'égard de ces trois individus — l'ami, l'ennemi et l'étranger — élargissez graduellement la perspective de votre méditation à vos voisins, à vos concitoyens, et à vos compatriotes. Finalement, développez votre méditation jusqu'à inclure tous les êtres qui peuplent le monde. Le fait de commencer avec des individus particuliers est une méthode efficace pour développer une parfaite équanimité. Si vous commencez par méditer sur un vaste nombre d'êtres, votre pratique de l'équanimité vous semblera peut-être sonner juste, mais quand vous serez confronté à des individus particuliers, vous réaliserez que vous avez gagné bien peu de terrain. Pour cette raison, nombreux sont les maîtres du passé qui ont loué et recommandé la technique consistant à étendre graduellement le champ de votre méditation.

Considérons à présent le concept du cycle des existences sans commencement. À un certain niveau, on peut le décrire comme un processus cyclique continuel d'un instant à l'autre, sous l'influence des émotions perturbatrices et du karma. Cette situation a ses causes, mais celles-ci ne sont pas permanentes. Si les causes étaient permanentes, leur résultat le serait aussi. Mais le cycle des existences n'est nullement un produit de la volonté d'Iśvara[24] dont certains pensent qu'il est le Créateur. Alors, qu'est-ce donc que le cycle des existences ? Il naît en participant de la nature essentielle de ses causes. Les deux causes racines d'une naissance dans le cycle des existences sont le karma et les émotions perturbatrices, ces dernières étant prédominantes. L'ignorance, qui est la conception erronée d'une existence réelle est la plus grave des trois principales émotions perturbatrices. Et cette ignorance qui se méprend sur l'existence n'est pas quelque chose qui serait tombé du ciel, mais une création de la conscience.

La chose naturelle qu'il convient de faire est d'examiner si la conscience existe ou non. Il peut être difficile de parvenir à une conclusion définitive et nous pourrions nous contenter de dire qu'elle est dans la nature des choses. Cependant, l'ignorance, qui est à la fois la source de toutes les autres émotions perturbatrices et une cause de naissance dans le cycle des existence, surgit au même instant que la conscience. Et la conscience n'a pas de commencement. Si nous affirmions que la conscience doit avoir un commencement, il s'en suivrait de nombreuses fautes. Si, par exemple, nous acceptions l'existence d'une entité physique inanimée comme point de départ de la conscience, cela impliquerait que nous acceptons la possibilité de résultats issus de causes inappropriées[25].

---

24 Iśvara (tib. *dbang-phyug*), "Le Puissant Seigneur", en l'occurence le dieu Brahmā des hindous. Cependant la remarque vaut pour toute forme d'idée religieuse d'un Dieu créateur de l'univers.

25 L'un des postulats de la causalité bouddhiste est qu'un effet ne peut s'inscrire que dans l'ordre d'une continuité sérielle avec sa cause. En d'autres termes, la cause et son effet doivent être de même nature (d'un grain de riz naît une

Dans des relations normales de cause à effet, la cause et l'effet sont de la même catégorie. Quand nous observons la relation de cause à effet des objets physiques, le résultat conserve intrinsèquement la même nature que sa cause. La conscience aussi suit un schéma similaire. Chaque moment de conscience produit un résultat ultérieur de même catégorie ; c'est-à-dire un autre moment de conscience. Pour ces raisons, les textes bouddhiques exposent la notion d'esprit sans commencement et l'existence sans commencement des êtres. C'est ainsi que l'on dit du cycle des existences qu'il n'a pas de début.

Le texte mentionne que durant leurs naissances dans le cycle des existences, les êtres ont été nos parents un nombre incalculable de fois. Nous devons ici nous rappeler la bonté des êtres et y réfléchir. Chacun d'eux nous a fait du bien directement ou indirectement. La bonté et les bienfaits que nous ont prodigués nos amis et nos parents dans cette vie sautent aux yeux. Mais même des étrangers sont d'une immense valeur comme base d'accumulation de mérites. On cultive donc l'amour bienveillant et la compassion en liaison avec le nombre infini des êtres, en se souvenant de leur bonté à notre égard.

Le résultat de ces pratiques est le développement de l'esprit d'Éveil de la bodhicitta. Ainsi, l'entraînement à l'accumulation de mérites et de sagesse est accompli en relation avec les êtres et nous en sommes les premiers bénéficiaires. Par conséquent, pour atteindre le but final et insurpassable, nous dépendons de la bonté des êtres. C'est dans cet esprit que Śāntideva, dans *L'Entrée dans la conduite d'un bodhisattva*[26], explique que les êtres et les bouddha sont égaux dans le sens que tous aident les individus à atteindre l'état de la bouddhéité. Les êtres sont d'une immense valeur et d'une grande aide, quelles que soient leurs intentions. À un niveau

---

pousse de riz et non d'orge). De même, d'un inanimé ne peut pas naître un animé tel que la conscience.

26 le *Bodhicaryāvatāra* (tib. *spyod-'jug*), traduit en français dans *La Marche vers l'Éveil*, Padmakara, 1992, et dont on peut lire les commentaires du Dalaï-lama dans *Comme un éclair déchire la nuit* (Albin Michel, Paris, 1994) et dans *Tant que durera l'espace* (Albin Michel, Paris, 1996).

mondain et conventionnel, les ennemis sont ceux qui nous causent du tort et c'est pour cette raison que nous leur sommes hostiles. Mais si l'on considère cela sous un autre angle, nous pouvons gagner une grande expérience et poursuivre un entraînement dans nos relations avec nos ennemis. C'est dans cette relation d'inimitié que nous pouvons commencer à pratiquer la patience et la tolérance, et ainsi alléger le fardeau de la colère et de la haine. Nous devrions tirer un maximum d'avantages de cette occasion pour enrichir et accroître notre pratique de la patience. C'est pour de telles raisons que certains traités décrivent nos ennemis comme étant nos meilleurs maîtres. Pour nous résumer, tous les êtres, y compris nos ennemis, nous sont d'une grande aide de diverses manières et nous rendent un service considérable, que ce soit directement ou indirectement.

Une fois que vous avez développé dans votre esprit l'équanimité à l'égard des êtres, méditez sur l'amour bienveillant. Humectez le continuum mental avec l'eau de l'amour bienveillant et préparez-le comme vous prépareriez un compost de bonne terre. Quand la graine de la compassion sera plantée dans un tel esprit, sa germination sera prompte, convenable et complète. Une fois le courant de votre esprit imbibé d'amour bienveillant, méditez sur la compassion.

Pour illustrer la manière d'engendrer la bienveillance et la compassion, Kamalaśīla utilise l'analogie de la culture. De même qu'une graine germera si vous la plantez dans un sol humidifié, vous pouvez cultiver la compassion lorsque vous avez préparé l'esprit sur la base de la pensée de l'amour bienveillant. Après avoir cultivé l'équanimité à l'égard de tous les êtres, vous devriez les considérer comme étant tous semblables, d'une part parce qu'ils ont été nos amis intimes et nos parents dans de nombreuses vies, et d'autre part parce qu'ils désirent comme nous-mêmes le bonheur et détestent souffrir. Après s'être entraîné ainsi, vous vous sentirez très proche de tous les êtres et développerez une grande empathie à leur égard. Plus un individu sent de l'attirance pour les êtres et les trouve chers à son cœur, plus il se sentira concerné par leur malheur et leur douleur. Par conséquent, après avoir médité sur l'équanimité, vous devriez méditer sur l'amour bienveillant. Et une fois que vous avez imbibé votre esprit avec l'eau de l'amour bienveillant, vous pouvez y planter la graine de la compassion, car sa croissance sera alors rapide et régulière.

Chapitre V

IDENTIFIER LA NATURE DE LA SOUFFRANCE

L'esprit de compassion a pour nature le souhait que tous les êtres souffrants soient libres de la souffrance. Méditez sur la compassion pour tous les êtres, car les êtres des trois domaines de l'existence[27] subissent la torture intense des trois types de souffrance sous des formes variées. Le Bouddha a dit que la chaleur et d'autres types de douleurs ne cessent de torturer les êtres plongés dans les enfers pour un temps très long. Il a également déclaré que les fantômes affamés sont tourmentés par la faim et la soif et éprouvent une immense souffrance physique. Nous pouvons également voir les animaux souffrir de multiples manières misérables : ils se dévorent entre eux, deviennent agressifs, sont blessés et tués. Nous pouvons aussi voir les êtres humains éprouver toutes sortes de douleurs intenses. Incapables de trouver ce qu'ils cherchent, ils sont pleins de ressentiment et se font mutuellement du mal. Ils souffrent de perdre les beaux objets de leurs

---

27 Les trois domaines du saṃsāra : le domaine du désir (sk. *kāmadhātu*) qui regroupe les êtres des enfers, les fantômes affamés, les animaux, les êtres humains, les dieux jaloux (*skasura*) et les dieux du désir ; le domaine de la forme (sk. *rūpadhātu*) qui concerne une partie des dieux ; et le domaine du sans-forme (sk. *arūpadhātu*), qui regroupe quatre types de dieux absorbés dans les niveaux méditatifs au-delà du désir et de la forme.

désirs et sont confrontés à la laideur de ce qu'ils ne veulent pas, ainsi qu'à la douleur de la misère.

Après avoir établi le processus d'entraînement qui nous permet d'apprendre à considérer que les êtres souffrants sont dignes d'amour et d'intérêt, Kamalaśīla traite des différents types de souffrances qui les tourmentent. Les trois types de souffrance sont la souffrance de la souffrance, la souffrance du changement et la souffrance qui imprègne tout. Il n'est pas un seul être qui ne soit soumis à la torture de chacun d'eux. Les êtres des trois destinées les plus élevées[28] dans le cycle des existences peuvent certes jouir d'un bonheur temporaire souillé ou encore de quelque sentiment neutre, mais au bout du compte, ils sont soumis à l'influence de la souffrance qui imprègne tout. Et en tant que tels, ils sont digne de compassion. Kamalaśīla a fait également brièvement allusion aux tourments des êtres des enfers, des fantômes affamés, des animaux et des êtres humains. Il fait ressortir ensuite quelques-unes des causes de souffrance qui affligent tout particulièrement les êtres humains :

Il y a ceux dont l'esprit est entravé par les liens divers des émotions perturbatrices telles que le désir-attachement. D'autres sont plongés dans les tourments créés par différents types de vues erronées. Et comme tout cela est cause de souffrance, [les êtres humains] sont constamment plongés dans une douleur intense, comme s'ils étaient au bord d'un précipice.

Les dieux aussi éprouvent différentes afflictions :

Les dieux souffrent de la souffrance du changement. C'est ainsi que les signes d'une mort imminente et de leur chute en des états infortunés oppressent l'esprit des dieux du domaine du désir. Comment pourraient-ils vivre en paix ?

---

28 Les êtres humains, les dieux jaloux (asura) et les dieux (deva).

Le texte définit à présent la souffrance omniprésente :

> **La souffrance omniprésente est ce qui surgit sous le pouvoir des causes caractérisées par des actes et des émotions perturbatrices. Elle a pour nature et pour caractéristique la désintégration momentanée et imprègne tous les êtres errants.**

La souffrance de la souffrance se rapporte à ce que nous reconnaissons habituellement comme la souffrance : la douleur physique et l'anxiété mentale. Ce que nous reconnaissons habituellement comme le bonheur [c'est-à-dire le bonheur contaminé ou impur] est caractérisé par la souffrance du changement. Le bonheur contaminé n'est pas le bonheur parfait, mais plutôt la simple absence des formes les plus grossières de la souffrance. Puisque le bonheur contaminé ne dure pas, mais est destiné à s'achever dans le déplaisir, on le caractérise comme étant souffrance du changement. La souffrance omniprésente n'est autre que la collection des constituants mentaux et physiques des êtres, que l'on nomme les agrégats contaminés, et qui sont le résultat du karma passé et des émotions perturbatrices. Ils se comportent comme un agent qui engendre davantage de karma et d'émotions perturbatrices. Il se produit parfois des occasions où nous ne sommes perturbés ni par la souffrance de la souffrance ni par la souffrance du changement. Mais aussi longtemps que nous ne sommes pas débarrassés de nos agrégats mentaux et physiques, ces derniers continueront à fournir une base pour diverses sortes de souffrances. Et lorsqu'ils entrent en contact avec les facteurs et les conditions appropriés, la souffrance ne peut que se manifester. Par conséquent, il est essentiel de réfléchir sur ces trois types de souffrance.

L'étape suivante, dans ce processus d'entraînement de l'esprit, concerne la volonté de se libérer d'une telle souffrance. Il est essentiel pour nous d'identifier la nature réelle de ces souffrances afin d'engendrer le désir de s'en libérer. Même les animaux comprennent que la souffrance de la souffrance est insupportable et souhaitent s'en affranchir. Les bouddhistes comme les non-bouddhistes qui recherchent les qualités des royaumes les plus hauts comme ceux des plus hauts niveaux de concentration et du domaine du sans-forme, comprennent ce que la souffrance du changement a de désagréable. Ils sont capables de s'affranchir eux-mêmes temporairement de la souffrance de la souffrance. Quand vous atteignez de tels royaumes élevés, comme ceux qui sont en-dessous du quatrième niveau de concentration[29] où il ne subsiste qu'un sentiment de neutralité, vous êtes temporairement libre de la souffrance du changement. Ceux qui ont atteint le quatrième stade méditatif et ceux qui sont dans les royaumes du sans-forme sont temporairement libres des deux premiers types de souffrance. C'est la reconnaissance de la souffrance omniprésente qui sert de catalyseur pour encourager les individus à chercher l'état de libération. Quand ils appréhendent sa véritable identité, ils développent en eux un sentiment de dégoût. Ils deviennent conscients des désavantages des émotions perturbatrices et de leur instabilité. La compréhension des défauts des émotions perturbatrices doit précéder celle des imperfections des agrégats mentaux et physiques. La perception des défauts et des inconvénients des émotions perturbatrices nous pousse à essayer de nous en défaire. Quand nous éliminons nos émotions perturbatrices, nous obtenons ce que l'on nomme nirvāṇa ou libération. L'identification correcte de la souffrance omniprésente et une forte répulsion à son propos sont les facteurs déterminants dans le processus du développement du vrai renoncement, c'est-à-dire de la volonté d'obtenir la libération.

Le texte mentionne la nature momentanée de la souffrance omniprésente. On peut interpréter ce concept de deux façons, qui

[29] Le quatrième et dernier dhyāna du domaine de la forme pure. Il existe quatre niveaux de concentration méditative qui correspondent au domaine de la forme pure, épurés des niveaux grossiers du désir mais où subsiste un attachement subtil à la forme. Ils sont suivis de quatre autres niveaux de concentration (sk. *samāpatti*) correspondant au domaine du sans forme, épurés de tout attachement à la forme mais encore entachés d'un attachement subtil au sans forme. Tous ces niveaux de dhyāna sont encore du domaine mondain et ne permettent pas aux méditants de se libérer du saṃsāra. Ils sont des étapes qui doivent être dépassées.

peuvent être illustrées par un exemple. Tout d'abord, toute chose impermanente se désintègre et change à chaque instant. Par exemple, un esprit omniscient est impermanent, et partage aussi la nature de se désintégrer d'instant en instant. Ensuite, un phénomène impermanent n'a pas d'identité indépendante et se trouve sous l'influence d'autres facteurs tels que ses causes et ses conditions. En tant que telle, la souffrance omniprésente ne demeure pas un seul instant constante, mais se trouve dans un processus régulier de désintégration et de changement.

Par conséquent, considérez que les êtres errants sont comme immergés dans un brasier de souffrance. Pensez qu'ils sont tous comme vous et ne souhaitent absolument aucune souffrance : «Hélas ! Tous ces êtres bien aimés sont dans une telle affliction. Que puis-je faire pour les en libérer ?» et faites que leurs souffrances soient vôtres. Que vous soyez engagé dans une méditation unifiante ou que vous poursuiviez vos activités ordinaires, concentrez-vous sur tous les êtres et souhaitez qu'ils soient tous libres de la souffrance. Commencez par méditer sur vos amis et vos parents. Reconnaissez à quel point ils endurent les souffrances variées qui ont été exposées.

Dans les lignes qui précèdent, l'auteur retrace les étapes de la méditation sur la compassion. La compassion est le souhait que tous les êtres soient libres de la souffrance et de ses causes. Afin d'entraîner l'esprit dans cette attitude de compassion, vous devez maintenir une pratique qui inclut à la fois des sessions formelles de méditation et le maintien de la conscience claire lors de la période qui suit ces sessions. C'est-à-dire que non seulement un pratiquant devrait engendrer un esprit de compassion au cours de la méditation formelle, mais aussi durant les activités telles que marcher, dormir, s'asseoir, travailler, et ainsi de suite. Si vous pouvez maintenir un tel programme, vous serez capable de faire bon usage des différentes expériences que vous aurez durant la période post-méditative, lesquelles vont enrichir le développement de l'esprit de compassion. À l'opposé, si vous ne cultivez pas la conscience claire et l'attention durant les périodes de post-méditation et si vous laissez votre esprit errer, le processus de votre méditation en sera ralenti. Il s'agit définitivement d'une faute qui doit être corrigée. Vous devez vous efforcer de préserver la saveur ou l'essence de votre méditation alors que vous vaquez à d'autres activités. Ceci vous aidera considérablement à progresser dans votre réalisation au cours des sessions, et ces réalisations vont à leur tour contribuer à votre développement spirituel au cours des périodes post-méditatives.

C'est ainsi que vous pouvez jouir d'un flot d'énergie méritoire :

> **Une fois que vous avez vu que tous les êtres sont égaux, sans aucune différence entre eux, vous devriez méditer sur les êtres qui vous sont indifférents. Quand la compassion que vous ressentez à leur égard est la même que celle que vous ressentez pour vos amis et vos parents, méditez sur la compassion en l'étendant à tous les êtres qui se trouvent dans les dix directions de l'univers.**

Quand vous méditez sur la compassion, si vous vous concentrez plus particulièrement sur un être animé qui éprouve de la souffrance, comme nous l'avons fait durant la méditation sur l'équanimité, votre méditation sur la compassion sera plus efficace. Pour commencer, vous pouvez visualiser la souffrance intense des êtres qui se trouvent dans les destinées infortunées. Vous pouvez aussi méditer sur la compassion en vous focalisant sur ceux qui ont un penchant pour les actions négatives les plus puissantes et qui réunissent les trois facteurs de l'intention, de l'action et de son accomplissement. Bien qu'ils puissent actuellement ne pas éprouver de grands tourments, ils sont en train d'accumuler de puissantes causes pour en faire l'expérience plus tard. Si vous faites ce genre de méditation, cela vous aidera grandement à entraîner votre esprit dans la compassion à l'égard de chacun des êtres qui se trouvent plongés dans le cycle des existences — tous étant sous l'influence des émotions perturbatrices, des esclaves soumis à l'ignorance qui est tout à la fois conception erronée d'une existence réelle et égocentrisme.

Kamalaśīla parle de tous les êtres comme étant égaux. On peut l'interpréter de deux manières : ultimement et conventionnellement. L'égalité des êtres au niveau ultime n'empêche pas l'existence d'amis et d'ennemis au niveau conventionnel. Cependant, quand votre méditation se concentre sur le caractère introuvable des objets au niveau ultime, elle contre l'attachement et la haine en s'opposant à la méprise de l'existence réelle.

Parmi les nombreuses techniques, il en est quelques-unes qui nous permettent de nous entraîner à développer une attitude impartiale. Il est important de maintenir cette sorte de procédé méditatif et d'accumuler le potentiel positif des mérites. Finalement, notre compassion ordinaire à l'égard des êtres misérables peut être réhaussée et transformée en un état d'esprit beaucoup plus pur. La compassion que nous ressentons actuellement est mêlée d'attachement. Mais la présence de cette compassion indique aussi que nous avons le potentiel pour développer une véritable compassion. Parfois nous engendrons également une compassion spontanée à l'égard d'étrangers plongés dans une grande affliction, en nous demandant ce que nous pourrions faire pour soulager leur souffrance. C'est là une expression de notre compassion innée. Il est essentiel que nous reconnaissions ce fait, que nous prenions soin de cette pensée compatissante, puis que nous l'encouragions et la renforcions. Si vous ne possédez pas cette compassion innée, essayez de la cultiver et faites un effort pour la développer. À la longue, une telle compassion, pour insignifiante qu'elle puisse vous paraître à présent, peut se développer à l'infini.

Le texte explique à présent ce qui montre que l'on a cultivé une telle compassion :

De même qu'une mère répond à l'appel de son petit enfant chéri et souffrant, quand vous développez un sens spontané et égalitaire de compassion à l'égard de tous les êtres, vous avez alors parachevé la

pratique de la compassion. Et cela, on l'appelle "grande compassion".

Au plus profond de votre cœur, vous prenez grand soin de votre enfant chéri et vous vous souciez de lui quoi que vous soyez en train de faire, que vous soyez assis, en train de marcher ou de parler. Si vous êtes capable de cultiver un tel état d'esprit à l'égard de tous les êtres dont le nombre est infini, en pensant combien il serait bon qu'ils soient tous libres de la souffrance, et si un tel sentiment surgit automatiquement, sans que vous ayez besoin d'invoquer des raisons particulières, c'est une indication qui montre que vous avez cultivé la grande compassion authentique.

Quelle que soit la réalisation que vous voulez cultiver, vous devez d'abord connaître quel est l'objet de votre attention et quelles sont les causes et les conditions que vous avez besoin de cultiver afin d'être en mesure de développer une telle réalisation. Vous avez besoin d'une certaine préparation. Après vous être habitué à un tel protocole de pratique et avec un peu d'expérience, il se pourrait que vous n'ayez pas besoin de cultiver une quelconque compréhension supplémentaire. Mais en employant l'analyse et l'enquête intellectuelle, vous devriez développer une intime conviction qui change vraiment votre esprit. C'est ce que l'on nomme l'expérience véritable dont il existe deux sortes : l'expérience provoquée et l'expérience obtenue sans artifices. L'expérience provoquée correspond à ces sentiments qui s'élèvent dans votre esprit du fait que vous avez utilisé des raisons subtiles, en vous appuyant sur des citations tirées des écritures. Si vous ne faites pas d'analyse ou d'investigation, vous n'obtiendrez pas une telle expérience. Quand vous aurez cultivé une telle expérience induite, si vous continuez ce processus en le renforçant et en le développant, il viendra un moment où vous rencontrerez une situation particulière telle que, sans plus devoir vous appuyer sur une citation ou un raisonnement, un fort sentiment surgira automatiquement dans votre esprit. C'est cela que l'on appelle expérience obtenue sans artifice. Quand vous obtenez une telle expérience de compassion sans artifice, c'est le signe que vous avez cultivé une grande compassion authentique.

Le texte poursuit par une discussion sur le déroulement de la méditation de l'amour bienveillant. La manière d'évaluer à quel point on a cultivé l'amour bienveillant est semblable à celle utilisée pour la grande compassion. La compassion est un état d'esprit où l'on souhaite que les êtres soient libres de la souffrance et l'amour bienveillant consiste à souhaiter qu'ils trouvent le bonheur. L'amour bienveillant induit la compassion et la compassion induit l'attitude spéciale. Ici, l'attitude spéciale signifie que vous ne vous contentez pas de penser combien il serait bon que les êtres soient libres de la souffrance, mais que vous prenez volontairement la responsabilité de vous engager effectivement dans des œuvres de délivrance des êtres en les guidant vers la libération et en les aidant à dissiper leurs souffrances. Et cette décision produit l'esprit d'Éveil de la bodhicitta.

La méditation sur l'amour bienveillant débute avec vos amis et les gens qui vous sont chers. Elle a pour nature le souhait qu'ils trouvent le bonheur. Peu à peu, étendez votre méditation jusqu'à y inclure des étrangers et même vos ennemis. En vous habituant à la compassion, vous engendrerez graduellement le souhait spontané de libérer tous les êtres. Par conséquent, après vous y être familiarisé en prenant la compassion pour base, méditez sur l'esprit d'Éveil de la bodhicitta.

La bodhicitta comporte deux volets : la conventionnelle et l'ultime[30]. La bodhicitta conventionnelle consiste à cultiver la pensée initiale d'aspiration à l'atteinte de la bouddhéité insurpassable et parfaitement accomplie afin d'aider tous les êtres qui errent, ceci après avoir pris le vœu

30 la bodhicitta conventionnelle (sk. *samvṛttibodhicitta*, tib. *kun-rdzob byang chub sems*) est aussi traduite par bodhicitta relative. La bodhicitta ultime (sk. *paramārthabodhicitta*, tib. *don dam byang chub sems*) est également connue sous le nom de bodhicitta absolue.

compatissant de les soulager tous de la souffrance. On devrait cultiver cette bodhicitta conventionnelle de la manière décrite dans le chapitre du *Bodhisattva-bhūmi*[31] sur l'éthique, c'est-à-dire engendrer cet état d'esprit en prenant le vœu de bodhisattva devant un maître qui préserve les préceptes du bodhisattva.

Le moyen d'évaluer le développement de l'esprit d'Éveil de la bodhicitta est semblable à celui qui permet d'évaluer à quel point l'on a cultivé la compassion. D'abord, vous cultivez la bodhicitta à la manière d'une expérience provoquée, puis vous cultivez l'esprit d'Éveil de la bodhicitta en tant qu'expérience sans artifice, c'est-à-dire l'état authentique de l'esprit d'Éveil de la bodhicitta.

Le grand maître indien Śāntideva a dit que toute la souffrance que vous voyez dans le monde surgit du fait que nous sommes égocentriques, que nous souhaitons uniquement notre propre bonheur. Tout le bonheur que nous constatons dans le monde provient du fait que nous prenons soin d'autrui. Il dit également qu'il n'est pas besoin d'épiloguer sur ce point. Si vous examinez la différence entre l'état de bouddha et celui d'un être ordinaire, vous le comprendrez aisément. Le Bouddha a œuvré au bien d'autrui, a achevé l'omniscience et a maintenant la capacité d'aider tous les êtres, tandis que nous, les êtres ordinaires, même si nous nous sommes efforcés de notre mieux de combler nos besoins de bien-être personnel, du fait de notre attitude égocentrique, non seulement nous n'avons pas achevé l'omniscience, mais nous sommes encore dans le cycle des existences. Quant à atteindre le nirvāṇa, si nous le recherchons essentiellement par intérêt personnel, il ne sera qu'une libération solitaire ou une libération dépourvue d'omniscience, ceci toujours à cause de l'attitude égocentrique. Même à un niveau ordinaire, toutes les qualités que l'on trouve en ce monde, telles que se sentir bien dans sa peau, être entouré de parents et d'amis sûrs, et vivre en un lieu où l'on est à l'abri des tromperies d'autrui, sont le résultat de ce souci du bien-

---

31 *Les niveaux des bodhisattva*, œuvre attribuée à Asaṅga.

être d'autrui. Et au niveau ultime, c'est aussi à cet état d'esprit que l'on doit la possibilité de parachever l'Éveil.

En d'autres termes, si nous nous comparons au Bouddha et si nous estimons le nombre de nos défauts et celui des qualités d'un bouddha, nous serons capables de mettre à nu les inconvénients de l'égocentrisme et les avantages de se soucier du bien-être d'autrui. Grâce à la pratique qui privilégie le bien-être des autres, le Bouddha a obtenu l'omniscience et incarne à présent de merveilleuses qualités. Mais nous autres, les êtres ordinaires, nous sommes d'une certaine manière l'incarnation des défauts du fait de notre attitude égocentrique.

Le Bouddha cultiva d'abord un état d'esprit soucieux du bien-être d'autrui, puis le renforça et finalement le paracheva. C'est ainsi qu'il manifesta toutes les merveilleuses qualités d'un bouddha. Par conséquent, vous devriez réaliser que vous bénéficiez à présent de cette précieuse existence humaine dotée d'excellentes qualités, et que vous avez le loisir de vous engager dans la pratique spirituelle. Dans notre effort spirituel, la pratique la plus profonde est la pratique de la compassion et le souhait altruiste d'accomplir la bouddhéité pour l'amour de tous les êtres. Il n'existe pas de meilleure pratique que celle-ci. Aussi, nous tous, y compris le lama, devrions nous efforcer de cultiver un état d'esprit compatissant dans notre vie quotidienne.

Si chacun de nous se mettait du fond du cœur à cultiver le souhait d'aider les autres et même l'ensemble des êtres, nous gagnerions alors un solide sentiment de confiance qui mettrait notre esprit dans un état d'aise. Lorsque notre esprit jouit de ce genre de tranquillité, le monde entier pourrait bien se retourner contre nous et devenir hostile que cela n'affecterait pas notre calme mental. À l'inverse, quand notre esprit est agité et perturbé ou que nous affichons de la malveillance à l'égard d'autres êtres, même s'ils n'ont aucune mauvaise intention à notre endroit, notre propre attitude nous les fera sentir négatifs et sévères à notre égard. Ceci est le reflet de notre attitude intérieure, de nos sentiments intimes et de notre manière de ressentir. C'est pour cette raison que nous vivrons constamment dans la peur, la contrariété, l'anxiété et l'instabilité. Nous pouvons bien être prospères et disposer de moult commodités matérielles, tant que nous serons la proie des perturbations, nous ne trouverons pas la paix. Nous pourrons être entourés de nos proches et de nos meilleurs amis, mais notre attitude intérieure nous empêchera d'être heureux. Par conséquent, notre attitude profonde joue un rôle extrêmement déterminant. Si nous possédons en nous-mêmes calme et contrôle, alors même si tout devient hostile autour de nous, rien ne nous perturbera. En fait, pour une telle personne, l'environnement entier est amical et contribue au calme mental.

Bien-sûr, il existe de nombreuses raisons de prendre soin de soi, mais nous devons savoir comment veiller intelligemment sur nous-mêmes et nos intérêts. Ce que nous voulons, c'est le bonheur, mais si en recherchant notre propre bonheur nous ignorons le bien-être des autres et ne cessons de les tyranniser et de les abuser, les conséquences en seront négatives. Si nous aspirons réellement au bonheur, nous devons reconnaître qu'il découle du fait de prendre soin d'autrui. Voilà pourquoi vous ne devriez pas négliger le bien-être des autres.

Même sans entreprendre une pratique spirituelle ou religieuse, si nous comprenons que nous devons respecter l'interdépendance, nous aurons une vie paisible et harmonieuse. Nous sommes des animaux sociaux et nous ne pouvons pas envisager de vivre une existence solitaire — où l'on ne dépend ni des autres gens ni des autres êtres. Quoi que vous fassiez, dans toutes les conditions sociales imaginables, que vous soyez fermier ou homme d'affaires, vous dépendez sans nul doute des autres. Même au sein de votre propre famille, vous dépendez des autres membres de la famille. C'est pourquoi les gens vivent normalement en famille et avec des amis. Il existe très peu d'exceptions à cela, seulement quelques yogis méditants qui vivent dans les solitudes altières des montagnes pour accomplir leur pratique spirituelle.

Puisqu'il est indéniable que nous sommes par nature des animaux sociaux, obligés de dépendre les uns des autres, il nous faut cultiver l'affection et le souci d'autrui si nous désirons réellement la paix et le bonheur. Pensez aux animaux sauvages et aux oiseaux. Même eux voyagent ensemble, s'attroupent et s'aident mutuellement. Les abeilles n'ont pas de législation, elles ne suivent aucune pratique spirituelle, mais pour leur subsistance et leur survie, elles dépendent les unes des autres — c'est leur façon naturelle de vivre. Et pourtant, bien que nous autres, êtres humains intelligents, dépendions aussi les uns des autres, il arrive que nous utilisions mal notre intelligence et que nous cherchions à nous exploiter les uns les autres. C'est contraire à la nature humaine. Pour ceux d'entre nous qui clament leur croyance dans une pratique religieuse particulière, il est extrêmement important d'essayer de s'entraider et de cultiver un sentiment d'affection mutuel, car telle est la source du bonheur dans notre vie.

D'après l'enseignement fondamental du Bouddha, nous devrions considérer les autres comme plus importants que nous-mêmes. Bien-sûr, vous ne pouvez pas complètement vous ignorer vous-même. Mais vous ne pouvez davantage négliger le bien-être des autres gens et des autres êtres, particulièrement quand il existe un conflit d'intérêts entre votre propre bien-être et celui des autres. En de telles circonstances, vous devriez considérer le bien-être des autres gens comme étant plus important que le vôtre. Comparez-vous au reste des êtres. Ils sont innombrables tandis que vous n'êtes qu'une seule personne. Votre souffrance et votre bonheur sont certes très importants, mais il s'agit seulement de la souffrance et du bonheur d'un seul individu, alors que la souffrance et le bonheur de tous les autres êtres sont incommensurables, impossibles à quantifier. Ainsi, la voie du sage consiste à se sacrifier pour le bénéfice de la majorité et c'est la voie des insensés que de sacrifier la majorité au nom d'un seul individu. Même du point de vue de votre bien-être personnel, vous devez cultiver un esprit de compassion — car c'est la source du bonheur dans votre vie.

Indépendamment du fait de professer une religion ou non, il est bon d'être chaleureux, de cultiver la compassion, et de cette manière on sera capable de mener une vie paisible et pleine de sens. Si nous sommes des pratiquants bouddhistes et plus particulièrement des pratiquants du Mahāyāna, comment devrions-nous aborder la pratique ? Même lorsque nous parlons d'aider autrui, il ne s'agit pas seulement d'apporter une aide et un bienfait temporaires, comme de la nourriture, des vêtements, un abri, etc., car toutes ces choses ne procurent pas un bonheur durable. Par conséquent, il est très important d'examiner la possibilité de l'accomplissement d'un bonheur durable et ultime. Nous devons juger s'il est possible d'éradiquer les souffrances à leur source. Peu importe que nous soyons capables ou non de pratiquer, nous devrions au moins cultiver le courage spirituel, c'est-à-dire la volonté d'éliminer les souffrances et d'accomplir un état de complète cessation de la souffrance. Voilà qui vous apportera une forte confiance et de la détermination. En conséquence, en tant que pratiquant du Mahāyāna, on devrait penser : «Je vais aider d'innombrables êtres, mes mères, à surmonter la souffrance.» Tel devrait être notre engagement. Mais si vous examinez votre capacité actuelle, vous voyez bien que vous n'avez pas les moyens d'éliminer la souffrance d'un seul être.

Les souffrances surgissent de causes et de conditions qui leurs sont propres et sont réunies par les êtres d'une manière qui leur est à chacun personnelle. Il est donc d'une extrême importance que ces êtres sachent ce qui peut être pratiqué et ce qui doit être abandonné — ce qui amène la souffrance et ce qui détermine un bonheur durable. Nous devons leur indiquer la voie juste qui conduit au bonheur et la voie erronée qui produit la souffrance. En conséquence, quand nous parlons d'aider les autres êtres, c'est en leur montrant le chemin et en les aidant à comprendre ce qui doit être abandonné et ce qui doit être pratiqué. Voilà comment nous pouvons aider les autres êtres.

Afin d'y parvenir, il est très important que ce que vous vous apprêtez à enseigner aux autres ne vous soit pas obscur. Vous devez comprendre le sens du chemin que vous êtes sur le point de leur révéler. Par exemple, plus un étudiant est avancé dans ses études et plus il a besoin d'un enseignant qualifié doté d'une plus grande connaissance. De même, afin de montrer la voie juste aux autres êtres, vous devez d'abord avoir foulé vous-mêmes ce chemin. D'autre part, cela ne suffit pas que le chemin que vous vous apprêtez à montrer aux autres n'ait plus de mystères pour vous. Vous devriez aussi savoir en quoi ce que vous aller enseigner va les aider temporairement et ultimement. Sans cette connaissance, votre enseignement pourrait ne pas convenir à leurs dispositions et à leurs intérêts. Cela ne suffit pas de déclarer «je l'ai fait avec une bonne motivation». Bien-sûr, si vous le faites, il n'est pas besoin de le regretter, mais il n'y a aucune garantie que cela va aider d'autres êtres. C'est pour cette raison que les écritures expliquent la nécessité d'acquérir différentes catégories de clairvoyance afin d'être à même de connaître l'esprit des êtres et leurs besoins réels.

Donc, il y a deux facteurs impliqués ici : premièrement, la voie et l'enseignement que vous êtes sur le point de donner ou de montrer aux autres ne devrait receler aucun mystère pour vous, et deuxièmement, vous devez comprendre l'à-propos d'un tel enseignement face à leurs dispositions. Vous devez comprendre quelles aptitudes ils ont héritées de leurs vies passées. Par conséquent, à moins de devenir vous-même un bouddha et d'atteindre à l'omniscience, votre aide et vos conseils peuvent s'avérer n'être que d'un bienfait temporaire. Le fait de cultiver l'aspiration d'aider autrui devient une cause pour cultiver le second souhait, la volonté d'atteindre la bouddhéité pour le bien de tous les êtres. Tels sont les deux niveaux de l'esprit d'Éveil de la bodhicitta.

Un tel état d'esprit ne peut être développé en l'espace de quelques mois ou de quelques années, mais cela ne signifie pas qu'il ne puisse être cultivé. Si vous poursuivez votre pratique en cultivant la bodhicitta, il viendra un temps où vous y parviendrez avec succès. Par exemple, au stade initial, vous pourriez ne pas même comprendre comment il est possible pour vous de cultiver un tel état d'esprit. Mais grâce à une pratique répétée et à l'habitude, vous vous en approcherez graduellement. C'est dans la nature des choses conditionnées que de changer en dépendance de causes et de conditions. Aussi est-il important de se rappeler des avantages et des bienfaits d'une telle attitude et de cultiver une ferme détermination à l'atteindre. Faites d'ardentes prières. Que vous dormiez, que vous marchiez ou que vous soyez assis, vous devriez penser : «Comme il serait bon de pouvoir cultiver un tel état d'esprit !» Essayez de cultiver la bodhicitta ne serait-ce qu'au niveau de l'aspiration. Si vous passez vos journées à pratiquer ainsi de façon répétée et constante, vous pourrez sans aucun doute la développer. Prenez la résolution de la cultiver même si cela vous prend de nombreux éons. Et Śāntideva de prier ainsi dans son *Entrée dans la conduite du bodhisattva* :

> Tant que durera l'espace,
> et aussi longtemps que demeureront les êtres,
> Que je demeure, moi aussi,
> Pour éliminer leur souffrance.[32]

Quand vous vous engagez dans un projet ou une activité destinée à aider les êtres, il n'est pas question de se mettre une limite de temps. Vous devez vous y appliquer continuellement. C'est ainsi que vous devriez entraîner votre esprit. Si vous pensez que vous accomplirez l'Éveil ou la bodhicitta en quelques jours ou quelques mois, ou si vous imaginez que vous obtiendrez l'Éveil après avoir effectué une retraite de trois ans et trois mois, vous vous trompez. Quand j'entends l'allégation selon laquelle vous allez obtenir l'Éveil si vous entrez en retraite pour trois ans et trois mois, je dis en plaisantant que cela ne vaut guère mieux que de la propagande communiste. Je raconte à mes amis occidentaux que vouloir pratiquer le chemin le plus profond et le plus rapide est le signe évident que vous n'obtiendrez aucun résultat. Comment pourriez-vous achever ce qu'il y a de plus profond et de plus vaste par la voie la plus courte ? L'histoire du Bouddha nous dit qu'il acheva la bouddhéité au bout de trois interminables éons. Nourrir un tel espoir d'accomplir la bouddhéité dans un temps aussi court que trois ans et trois mois est la claire indication que vous ne ferez aucun progrès réel. Il faut être réaliste. Cela ne sert à rien de tromper autrui avec votre connaissance partielle.

Vous devriez aussi réaliser ceci : que vous atteigniez la bouddhéité ou non, votre but reste le même, aider les autres êtres.

---

[32] *Bodhicaryāvatāra*, X, 55, trad. Marie-Stella Boussemard dans *Tant que durera l'espace*, op. cit.

Que vous vous trouviez dans les cieux ou en enfer, votre but est d'aider les autres. Peu importe le temps que cela vous prendra. Vous devriez décider que l'intention altruiste d'achever la bouddhéité pour le bien de tous les êtres sera votre unique pratique, que vous soyez vivant ou que vous mourriez. Vous devez vous entraîner à cultiver cet état d'esprit et comprendre ses aspects et son objet. Une fois obtenu une expérience de ce type par inférence, il est temps de prendre le vœu de bodhisattva qu'il est mieux de recevoir après avoir cultivé un fort désir de s'engager dans les actions d'un bodhisattva.

Qu'est-ce que la conduite d'un bodhisattva ? Il s'agit d'une manière de vivre qui découle naturellement du fait d'avoir cultivé l'esprit d'Éveil de la bodhicitta. L'omniscience n'est accomplie qu'à la seule condition de traverser le processus de purification des émotions perturbatrices au sein de votre esprit. On ne peut l'accomplir par de simples souhaits ou des prières. Nous devons nous entraîner à éliminer toutes les émotions perturbatrices déterminées en appliquant les antidotes correspondants. Toutes les activités d'un bodhisattva peuvent être rangées dans deux catégories majeures : la pratique des moyens habiles et la pratique de la sagesse. Pour que les pratiques de la générosité, de l'éthique, etc., soient parachevées, il leur faut le soutien et l'influence de la pratique de la sagesse. En l'absence de celle-ci, les cinq premières des six perfections ne peuvent réellement devenir des pratiques de perfection. Afin de cultiver une telle sagesse, vous devez d'abord cultiver la vue philosophique authentique et sans méprise que l'on nomme la vue de la Voie médiane ou Mādhyamika.

Quelle est donc la vue du Mādhyamika ? Il existe quatre écoles philosophiques dans la tradition bouddhiste. En vous appuyant sur une explication des trois premiers systèmes de philosophie bouddhiste[33], vous pourrez comprendre la signification de l'inexistence du soi à un niveau grossier, et ceci vous mènera finalement à

---

[33] Selon le bouddhisme tibétain, il s'agit du système vaibhāṣika (La Grande Exposition) ; du système sautrāntika (Adeptes des Sūtra), tous deux appartenant au Hīnayāna ou véhicule fondamental ; et du système cittamātra (Esprit Seul), qui appartient au Mahāyāna comme le Mādhyamika (Voie médiane).

la subtile vue de la Voie médiane qui expose l'inexistence du soi des personnes et l'insubstantialité[34] des phénomènes en liaison avec une interprétation de la production interdépendante. Une fois que vous aurez établi sans erreur une telle vue et obtenu la conviction de sa justesse, vous serez capable de réaliser la vacuité. Cependant, même lorsque vous avez compris la sagesse qui réalise la vacuité, elle seule ne deviendra pas un puissant antidote à l'ignorance si elle ne reçoit pas le soutien d'autres pratiques telles que la générosité, l'éthique, la patience, etc. La simple compréhension de l'inexistence du soi n'est pas suffisante pour vaincre les émotions perturbatrices.

Par conséquent, il est important de cultiver une pratique qui unit un esprit qui repose calmement à la vision supérieure. De manière à développer la vision supérieure, vous devez d'abord développer un esprit qui repose calmement. Le calme mental est une méditation unifiante, tandis que la vision supérieure renvoie à la conscience claire discernante. Grâce à l'union des deux, vous serez apte à vous engager dans une pratique fructueuse qui unit méthode et sagesse.

Après avoir engendré l'esprit d'Éveil conventionnel, efforcez-vous de cultiver l'esprit d'Éveil ultime de la bodhicitta. La bodhicitta ultime est transcendante et libre de toute élaboration. Elle est extrêmement claire, c'est l'objet de l'ultime, sans souillures, inébranlable, semblable à une lampe qui ne vacille pas au vent.

Comme je l'ai déjà expliqué, la bodhicitta conventionnelle se réfère à la bodhicitta d'aspiration. Quelle est la bodhicitta ultime ? Qu'est-ce qui est transcendant et qu'est-ce qui est mondain ? Il existe des explications diverses à ce sujet. Tous les niveaux particuliers à un être ordinaire sont dits mondains et tous les

---

[34] N.d.T. : le terme employé pour les personnes comme pour les phénomènes extérieurs est *bdag-med*, "inexistence du soi". Cependant, il est difficile de parler du "soi" d'une table, d'où le choix de traduction "insubstantialité" en ce qui concerne les phénomènes externes.

niveaux spirituels d'un être éminent ou ārya sont dits transcendants ou supramondains. Vous atteignez le niveau transcendant lorsque vous avez accompli la voie de la vision[35] pour la première fois. Ce qui signifie que vous avez directement réalisé la vacuité, bien qu'il vous soit déjà possible de comprendre la vacuité avant l'atteinte de la voie de la vision.

Ce texte, *Les étapes de la méditation*, appartient à l'école Mādhyamika-svātantrika[36] (La Voie médiane de ceux qui utilisent les syllogismes autonomes), et quand j'expliquerai les points soulignés dans ce texte, je le ferai selon ce système Mādhyamika-svātantrika, mais je les développerai selon la tradition Mādhyamika-prāsaṅgika[37] [La Voie médiane des Conséquentialistes].

Il existe des ārya qui ont réalisé la vacuité parmi ces pratiquants que l'on nomme Auditeurs et Réalisés solitaires[38]. Mais un ārya sur la voie du bodhisattva réalise directement la vacuité parce qu'il bénéficie du soutien de la profonde pratique des moyens habiles. Une telle sagesse qui réalise directement la vacuité agit comme un contrecarrant aux émotions perturbatrices spécifiques. Quand nous parlons des Quatre Nobles Vérités, la voie authentique[39] s'applique

---

35 La voie de la vision (sk. *darśanamarga*, tib. *mthong lam*) est la troisième des cinq voies que le pratiquant spirituel doit parcourir selon le bouddhisme mahāyana. Ces cinq voies sont : la voie de l'accumulation, la voie de la préparation, la voie de la vision, la voie de la méditation et la voie où il n'y a plus rien à apprendre, qui n'est autre que l'atteinte de l'Éveil.

36 Kamalaśīla était le disciple de Śāntarakṣita, le promoteur de la philosophie Yogācāra-mādhyamika-svātantrika au Tibet, c'est-à-dire du courant Mādhyamika-svātantrika selon sa branche Yogācāra.

37 L'école Mādhyamika prédominant actuellement dans le bouddhisme tibétain, considérée comme le point de vue philosophique définitif.

38 Il s'agit des auditeurs ou śrāvaka qui se libèrent par l'audition des enseignements du Bouddha, et des Réalisés solitaires ou pratyekabuddha (bouddha-par-soi) qui se libèrent par eux-mêmes et dans la solitude, sans avoir recours à l'audition de l'enseignement dans cette vie-ci. Ces deux sortes d'ārya suivent la voie du Hīnayāna, c'est-à-dire qu'ils visent l'état d'arhat et le nirvāṇa et non le Plein Éveil d'un bouddha parfaitement accompli, lequel ne peut être obtenu qu'après avoir parcouru la voie des bodhisattva.

39 C'est-à-dire la quatrième des Quatre Nobles Vérités, celle de la voie qui mène à la cessation de la souffrance.

en fait à la sagesse réalisant la vacuité, sagesse que l'on trouve dans le continuum mental d'un être supérieur ou ārya. On dit aussi de la bodhicitta ultime qu'elle est libre de toute élaboration conceptuelle, particulièrement dans le contexte des diverses catégories de vacuités telles que les seize vacuités, les vingt vacuités, les deux vacuités[40], et ainsi de suite.

Bien qu'il y ait autant de catégories de vacuité qu'il y a de types de phénomènes, quand vous réalisez la vacuité d'un phénomène en particulier, vous réalisez également la vacuité de tous les phénomènes. La nature ultime, ou vacuité, de tout phénomène est d'un goût unique et de la même nature sans distinction. Même si la nature vide de tous les phénomènes est identique, et même si tous les divers aspects des phénomènes, tels que leur caractère bénéfique ou mauvais, surgissent de la sphère de la vacuité, vous devriez comprendre que la vacuité ne peut être trouvée en dehors du sujet ou de l'objet.

La vacuité n'est autre que la condition d'un objet libre d'existence intrinsèque. Les choses dépendent de causes et de conditions. Cette dépendance même à l'égard de causes et de conditions signifie que les phénomènes sont dépourvus d'une existence indépendante ou intrinsèque. Elle démontre également que les divers aspects des choses que nous percevons surgissent du fait même qu'elles sont vides par nature. Quand nous parlons de vacuité, nous ne traitons pas de ces différents aspects, mais de la réalité ultime d'un phénomène. C'est de ce point de vue que l'on peut dire que la vacuité est libre d'élaborations. Il est également expliqué que la vacuité n'est pas souillée, comme l'exprime clairement la stance d'hommage de la *Sagesse fondamentale*[41] de Nāgārjuna :

> J'adresse mon hommage au parfait Bouddha,

---

40 Dans les *Prajñāpāramitāsūtra*, on donne différentes classifications de la vacuité, mais toutes se résument dans les deux vacuité : vacuité du soi individuel et vacuité des phénomènes extérieurs.

41 Le *Mūlamadhyamakakārikā* de Nāgārjuna, son ouvrage fondamental sur la vacuité, considéré comme fondateur pour tout le Mādhyamika.

> Suprême parmi les hommes, qui enseigne que
> Tout ce qui surgit en interdépendance
> Est sans cessation ni naissance,
> sans destruction ni permanence,
> Sans allée ni venue,
> Sans signification distincte ni identité,
> Et complètement libre de toute élaboration mentale, parfaitement en paix.

La vacuité et la production interdépendante sont les deux faces d'une même pièce de monnaie. Du point de vue de la production interdépendante, ou de la perspective conventionnelle, les choses surgissent, les choses peuvent être produites, et les choses cessent. Le passage de *La Sagesse Fondamentale* que je viens de citer signifie que les choses ne sont pas produites, ne cessent pas, ne sont pas détruites, pas davantage qu'elles ne sont permanentes ou d'une quelconque manière indépendantes. Du point de vue temporel, il n'y a ni annihilation indépendante ni permanence. Du point de vue de l'objet, il n'y a ni allée ni venue indépendantes. Nāgārjuna décrit ainsi huit catégories d'élaborations comme la production et la cessation, et montre en quoi elles ne surgissent pas de manière indépendante. Il est dit que les ārya ou les êtres supérieurs, dont la perception directe de la sagesse n'est pas souillée, n'ont pas constaté d'existence indépendante dans la production ou la cessation des phénomènes se manifestant en dépendance. Leur esprit voit seulement la réalité ultime, la vacuité, qui est libre de toute élaboration.

On décrit la réalité ultime, ou bodhicitta ultime, comme étant d'une extrême clarté. On la dit "ultime" parce qu'il s'agit de l'objet d'engagement d'une sagesse ultime. On la qualifie aussi de sans souillure et d'inébranlable. En d'autres termes, la sagesse d'un être supérieur en absorption méditative est une sagesse qui combine un esprit reposant calmement et la vision supérieure. Une fois obtenu la stabilité à l'égard de l'objet de votre enquête, vous pouvez lui appliquer votre compréhension sans être perturbé par la paresse mentale ou l'excitation créée par les pensées. On dit d'une telle sagesse qu'elle est inébranlable et on la compare à une lampe à beurre qui n'est pas perturbée par la brise.

Cette bodhicitta ultime est transcendante et libre de toute élaboration. La manière de l'accomplir est expliquée comme suit :

> **On l'accomplit par une application constante et attentive à la maîtrise du yoga de la méditation du calme mental et de la vision supérieure durant une longue période de temps. Le *Sūtra qui révèle la Pensée*[42] déclare : «Ô Maitreya, tu dois savoir que tous les dharma vertueux des Auditeurs, des bodhisattva ou des Tathāgata, qu'ils soient mondains ou transcendants, sont le fruit de la méditation du calme mental et de la vision supérieure.» Puisque toutes sortes de concentrations peuvent être incluses dans ces deux catégories, tous les yogis doivent à tout instant rechercher la méditation du calme mental et de la vision supérieure. Et le *Sūtra qui révèle la Pensée* d'insister : «Le Bouddha a dit que l'on doit savoir que les enseignements des différents types de concentrations découverts par les Auditeurs, les bodhisattva et les tathāgata, sont tous contenus dans la méditation du calme mental et de la vision supérieure.»**

Un esprit qui repose calmement signifie un état d'esprit dans lequel votre esprit repose sur l'objet de votre choix et où il n'est pas distrait par des objets extérieurs autres que l'objet de votre concentration mentale et de votre méditation. Votre esprit demeure stable, centré sur son objet, et libre de toute paresse ou excitation. Pour un tel esprit, on parle de concentration unifiée, et grâce à sa stabilité, vous êtes à même d'atteindre la félicité mentale. La vision supérieure signifie obtenir un regard spécial sur la réalité ultime ou sur l'objet de votre concentration. Il existe deux

---

42 le *Saṁdhinirmocanasūtra*, l'un des principaux sūtra du Mahāyāna, que les Tibétains rattachent au troisième tour de roue, consacré à la luminosité de l'esprit et à la nature de bouddha.

catégories de vision supérieure : mondaine et transcendante. Selon ces différentes catégories, la vision supérieure peut porter sur différents objets mais ici, elle se rapporte à l'esprit qui se concentre sur la vacuité.

Le Bouddha Śākyamuni enseigna ces deux pratiques, le calme mental et la vision supérieure, et elles constituent la seule méthode par laquelle vous pouvez accomplir tous les niveaux de concentration. Par conséquent, le texte déclare que puisque le calme mental et la vision supérieure sont d'une importance égale, vous devriez cultiver ces deux qualités :

> **Les yogis ne peuvent éliminer les obscurcissements par le simple fait de se familiariser avec la seule méditation du calme mental. Celle-ci ne peut supprimer que temporairement les émotions perturbatrices et les illusions. Sans la lumière de la sagesse, on ne peut détruire complètement le potentiel latent d'émotions perturbatrices, et par conséquent, une totale éradication ne sera pas possible. C'est pour cette raison que le *Sūtra qui révèle la Pensée* déclare : «La concentration peut supprimer efficacement les émotions perturbatrices, et la sagesse totalement détruire leur potentiel latent[43].»**

La seule méditation du calme mental ne vous permettra pas d'éliminer ce qui obscurcit l'Éveil ni les émotions perturbatrices. Même si vous parachevez la méditation du calme mental en prenant pour objet la vacuité, cela seul ne suffira pas à ôter les obscurcissements s'il manque le soutien de la pratique de la vision supérieure.

---

43 c'est-à-dire les empreintes ou traces karmiques des actes passés, qui imprègnent la conscience actuelle. Elles sont comme des semences qui conditionnent l'émergence de nouvelles émotions perturbatrices et obscurcissent ainsi l'esprit. Ce n'est que lorsque ce potentiel latent est éliminé du continuum mental que les causes mêmes de l'illusion et de la souffrance sont définitivement éliminées.

Le *Sūtra qui révèle la Pensée* dit également : «Même si vous méditez avec une concentration unifiée,
Vous ne détruirez pas la méprise du soi
Et vos émotions perturbatrices vous perturberont à nouveau ;
Voilà qui ressemble à la méditation unifiée d'Udrak.»

La méditation du calme mental seule ne sera pas en mesure de dissiper les émotions perturbatrices ni de détruire la méprise du soi. Les émotions perturbatrices surgiront à nouveau et vous tourmenteront encore une fois, comme cela arriva à un maître non-bouddhiste appelé Udrak. Il méditait sur le calme mental depuis longtemps, au point que sa chevelure était devenue très longue. Tandis qu'il était ainsi complètement absorbé dans une concentration unifiée, une partie de sa chevelure fut grignotée par des rats. Dès qu'il émergea de sa méditation, il vit que les rats avaient rongé sa chevelure et se mit en colère, et c'est ainsi que ses émotions perturbatrices se manifestèrent à nouveau. Bien que les émotions perturbatrices ne se soient pas élevées tandis qu'il était absorbé dans une méditation unifiée, le fait qu'elle revinrent après qu'il eut quitté sa méditation montre clairement que la seule méditation du calme mental ne peut mettre un terme aux émotions perturbatrices.

«Que l'insubstantialité des phénomènes soit précisément examinée,
Et que l'on accomplisse des méditations sur la base de cette analyse,
Et ce sera la cause de la libération résultante ;
Aucune autre cause ne peut apporter la paix.»

Donc, l'examen précis de l'insubstantialité des phénomènes signifie qu'en employant la vision supérieure ou la conscience claire discernante, nous pouvons nous libérer. Nous ne pouvons utiliser aucune autre technique pour atteindre la libération ou nirvāṇa.

Et la *Corbeille des Bodhisattva*[44] déclare : «Ceux qui n'ont pas entendu les divers enseignements de la Corbeille des Bodhisattva et n'ont pas ouï les enseignements pratiques sur la discipline monastique, qui pensent que la seule concentration unifiée suffit, tomberont dans le piège de l'arrogance liée à l'orgueil. En tant que tels, ils ne peuvent obtenir la complète délivrance de la naissance, de la vieillesse, de la maladie et de la mort, de l'affliction, des pleurs, de la souffrance, de la tristesse et des perturbations. Ils ne peuvent davantage gagner la complète libération du cycle des six destinées, ni de l'amoncellement des agrégats de la souffrance mentale et physique. Gardant cela à l'esprit, le Tathāgata a dit que l'écoute des enseignements vous aidera à obtenir la libération de la vieillesse et de la mort.»

Vous devriez donc écouter les explications sur le sens de l'ainsité et puis méditer dessus, et cela vous aidera à atteindre la libération de la souffrance.

Pour ces raisons, ceux qui souhaitent atteindre la sagesse transcendante absolument purifiée par l'élimination de tous les obscurcissements devraient méditer sur la sagesse tout en demeurant dans la méditation du calme mental.

---

44 le *Bodhisattvapiṭakasūtra.*

Chapitre VI

LA SAGESSE

D'après la tradition bouddhique, la validité d'une doctrine philosophique est déterminée par le raisonnement logique. Le Bouddha l'a très clairement déclaré :

> «Les bhikṣu[45] et les érudits devraient examiner mes paroles
> À la manière d'un orfèvre qui teste l'or en le brûlant, en le coupant et en le martelant.
> C'est seulement après cela que mes paroles devraient être acceptées,
> Et non par simple respect pour moi.»

Par conséquent, pour procéder à l'établissement du statut des phénomènes tant extérieurs qu'intérieurs, nous devrions nous appuyer sur le raisonnement. Il n'est pas nécessaire de se fier à la seule autorité des écritures. Ce qui est enseigné dans les écrits canoniques peut être analysé à la lumière de la raison et la validité de leur contenu pourra ainsi être établie. Les paroles mêmes du Bouddha peuvent être soumises à l'examen. L'un des traits les plus merveilleux de la culture bouddhique tient dans le fait que le pratiquant a le droit d'examiner les enseignements. Les mots du maître peuvent aussi être examinés. L'approche bouddhiste de la connaissance est similaire à celle de la science moderne. Au début, nous ne devrions faire aucune déclaration catégorique sur un sujet de controverse, mais examiner le problème avec impartialité. La conclusion devrait être déterminée par l'analyse, en examinant la

---

45 Les moines pleinement ordonnés.

preuve à l'aide de la raison. En général, le bouddhisme tient le raisonnement logique en haute estime.

Il est important d'établir la base, la voie et le fruit. La base, ici, signifie le fait ou la réalité du phénomène. Nous suivons une voie spirituelle fondée sur ce fait et obtenons ainsi un résultat ou fruit. La pratique spirituelle n'est pas une simple fabrication de l'esprit, mais quelque chose qui existe réellement. Si la base de la pratique spirituelle n'était qu'une simple création de l'imagination, elle ne recèlerait pas le potentiel de changer et de transformer notre esprit par la pratique de la voie. En conséquence, on ne pourrait pas expliquer la libération et tout le reste comme un résultat.

L'état résultant d'un bouddha est doté de nombreuses et éminentes qualités. Ces qualités sont produites en cultivant les causes et les conditions appropriées et en s'engageant dans la pratique de la voie spirituelle. Les dix pouvoirs[46] et autres attributs d'un bouddha sont développés le temps venu parce que les individus ont le potentiel de produire de telles qualités. D'une manière générale, rien ne peut être produit qui n'ait une base ou un fondement. Il serait absurde d'affirmer que l'omniscience est issue des rochers ou des montagnes. Il est beaucoup plus logique de dire que le fait de s'engager dans la voie combinant les moyens habiles et la sagesse sur la base de la conscience peut produire l'omniscience.

L'établissement de la base est une étape vraiment cruciale. Cela permet de distinguer ce qui existe de ce qui n'est qu'une simple invention de l'esprit. Il s'agit d'identifier correctement les lois de

---

46 Les dix pouvoirs (sk. *daśabala*, tib. *stobs-bcu*) : 1. le pouvoir de connaître ce qui est fondé (les faits) et ce qui ne l'est pas (l'illusion ou la fiction), 2. le pouvoir de connaître les résultats du karma, 3. le pouvoir de connaître les diverses aspirations des êtres, 4. le pouvoir de connaître les divers tempéraments des êtres, 5. le pouvoir de connaître les diverses facultés (capacités intellectuelles) des êtres, 6. le pouvoir de connaître toutes les voies et leurs buts, 7. le pouvoir de connaître les concentrations méditatives, les libérations, les recueillements et égalisations ainsi que les phénomènes souillés et les phénomènes totalement purs, 8. le pouvoir de connaître les existences antérieures, 9. le pouvoir de connaître la mort des êtres et leur renaissance, 10. le pouvoir de connaître comment l'on parvient à l'épuisement des souillures.

la nature et de la réalité. Par conséquent, si l'on veut établir la vraie nature de la base, il importe d'être objectif.

Les disciples du Bouddha ont donné différentes interprétations de ses enseignements couchés par écrit. Quand un enseignement scripturaire ne peut supporter l'analyse logique, son sens est interprété dans le contexte de trois critères : l'intention, le but et la contradiction. Par exemple, si un sūtra traite de la réalité ultime mais que, à la lumière de l'analyse, le sens apparent se révèle défectueux, on l'interprète d'après l'intention et le but pour lesquels il a été enseigné. De même, quand ces aspects obscurs concernant l'inexistence du soi s'avèrent défectueux au vu de la logique inférentielle, il n'est nullement nécessaire de les admettre. La taille du soleil et de la lune, la distance qui les sépare de la terre et leurs mouvements nous apparaissent plus clairement aujourd'hui. Donc, si un texte scripturaire décrit des phénomènes aussi évidents d'une manière qui contredit notre perception directe valide actuelle, il n'est pas question de l'accepter comme vraie. En général, le bouddhisme et la science moderne ont une approche semblable pour de tels phénomènes.

Les enseignements bouddhistes sont présentés dans le contexte spirituel de la base, de la voie et du fruit. Le fruit concerne les nombreuses et éminentes qualités manifestées par le pratiquant lorsqu'il ou elle atteint la bouddhéité. Afin de parachever de telles qualités, vous devez réunir les causes et les conditions correctes, c'est-à-dire une pratique spirituelle qui s'est intégrée en vous. Il importe de savoir que chacun d'entre nous a ce potentiel de développer les dix pouvoirs et les autres qualités merveilleuses d'un bouddha. Ce potentiel est inné au sein du courant continu de notre conscience. D'une façon générale, rien ne peut être produit qui n'ait une base ou un fondement adéquat. Tout comme il serait absurde d'affirmer que les rochers et les montagnes ont la capacité d'atteindre l'omniscience au moyen d'une pratique spirituelle, il est clair que ceux qui sont doués de conscience peuvent atteindre l'omniscience.

Dans ce cas, la base spirituelle n'est autre que la nature intrinsèque de l'esprit qui a le potentiel de donner le jour à l'état de plein Éveil. La voie spirituelle regroupe les aspects de la méthode et de la sagesse, ce qui veut dire qu'un pratiquant accumule des mérites et des aperçus qui le mènent vers la transcendance de la bouddhéité. Il est essentiel de comprendre ces bases de la philosophie bouddhiste. Il ne s'agit pas de créations fantaisistes de l'imagination, car elles sont conformes à la réalité. S'il ne s'agissait que de chimères, quels que soient les efforts déployés, on ne pourrait pas progresser sur la voie. On n'obtiendrait aucun résultat et il serait impossible d'atteindre la libération. Il faut garder un esprit ouvert et impartial quand on examine ces principes fondamentaux. Si vous avez des *a priori* dûs à d'autres vues philosophiques, il vous sera difficile d'apprécier ces principes de manière objective.

On devrait examiner et analyser ces questions et accepter celles que l'on trouve logiques. Il se peut qu'il y ait des sujets sur lesquels la tradition bouddhiste a des explications que la science n'a pas encore établies, et sur lesquelles elle n'a donc aucune opinion. Mais quand il s'agit de faits scientifiquement prouvés, nous ne devrions pas être dogmatiques à propos de ce qui est écrit dans nos textes. Comme je l'ai déjà dit, ce texte traite avant tout des deux vérités en tant que base, de la pratique de la méthode et de la sagesse en tant que voie spirituelle, et des accomplissements de la sagesse et du corps physique[47] d'un être éveillé en tant que résultat.

Ceux qui souhaitent obtenir cette sagesse transcendante qui est absolument libre de tout obscurcissement devraient méditer sur la sagesse tout en demeurant dans une concentration unifiée.

Le *Sūtra de l'amas de joyaux*[48] déclare : «La concentration unifiée est atteinte par l'adhésion à l'éthique. Avec l'accomplissement d'une concentration

47 La sagesse se réfère au dharmakāya ou Corps absolu d'un bouddha, et le corps physique fait allusion aux Corps formels (sk. *rūpakāya*) : le saṃbhogakāya ou Corps de jouissance et le nirmāṇakāya ou Corps d'apparition, destinés tous deux à œuvrer au bien des êtres.

48 *Ratnakuṭasūtra*, une vaste collection de sūtra du Mahāyāna.

unifiée, vous méditez sur la sagesse. Grâce à la conscience claire parfaitement pure, votre conduite morale est parachevée.»

Afin d'accomplir notre but, tant pour autrui que pour nous-mêmes, tous les obscurcissements devraient être éliminés. Ceux qui ont l'intention de réaliser de la sorte la sagesse transcendante devraient d'abord pratiquer la méditation du calme mental. Un pratiquant qui a la capacité d'analyser les phénomènes au moyen de la sagesse qui réalise l'ainsité alors qu'il est engagé dans la méditation du calme mental peut engendrer la vision supérieure.

Sur le plan de la pratique, on présente les trois entraînements selon un ordre définis. Expliquons-nous. Le texte dit : «La sagesse vous aide à obtenir une conscience claire parfaitement pure.» Une sagesse parfaitement transcendante a la capacité d'éradiquer les obscurcissements ainsi que leurs semences. La sagesse qui réalise la vérité conventionnelle, aussi puissante soit-elle, n'a pas cette capacité. Par conséquent, nous pouvons conclure que pour y parvenir, il doit y avoir une sagesse réalisant la vérité ultime. Dans ce contexte, la sagesse parfaitement transcendante signifie l'omniscience. Et de manière à obtenir l'omniscience, on doit éliminer les obscurcissements à la libération — les émotions perturbatrices —, et les obscurcissements à la connaissance. La sagesse seule est le contrecarrant direct qui nous rend capables d'éradiquer les deux obscurcissements et leurs semences, les potentialités latentes. Ni la discipline éthique ni la concentration unifiée ne peuvent les affronter directement. Ici, le terme sagesse se rapporte à la sagesse issue de la méditation, et non à celle qui provient de l'écoute et de la contemplation. Par conséquent, afin de rendre effective cette vision supérieure qui réalise la réalité ultime, vous devez avant tout devenir compétent dans la méditation du calme mental. Puisque cette concentration unifiée est une pensée positive, la lourdeur mentale et l'excitation subtiles doivent être abandonnées. Pour dissiper ces défauts, vous devez d'abord vous entraîner dans les pratiques de la discipline éthique.

Le *Sūtra sur la foi dans le Mahāyāna*[49] déclare : «Ô fils de noble famille, si tu ne demeures pas dans la sagesse, il ne m'est pas possible de dire comment tu pourras avoir foi dans le Mahāyāna des bodhisattva ni comment tu pourras t'y établir.»

Ce passage concerne le développement de la foi ou de la conviction qui accompagne la connaissance. À moins que le "fils de noble famille" ou le pratiquant ne soit capable de développer la sagesse de la vision supérieure, le développement d'une foi fondée sur la connaissance n'est pas possible. Bien-sûr, une personne peut avoir une foi fervente, mais quand se développe en elle une foi qui résulte de la compréhension de la réalité ultime, celle-ci est soutenue par la raison et la connaissance. Le véritable renoncement, par exemple, ne peut se développer que lorsque le système de la libération est correctement compris. L'individu parvient à la conviction fondamentale que la libération est possible et qu'il s'agit d'une chose qui peut être développée au sein de son courant de conscience. Ce genre de renoncement est définitivement d'une qualité particulière. De la même façon, notre prise de refuge gagne en qualité au fur et à mesure que s'affine notre connaissance de la vacuité.

«Ô fils de noble famille, tu devrais savoir qu'il en est ainsi parce que la foi du bodhisattva dans le Mahāyāna comme l'établissement dans le Mahāyāna résultent de la contemplation du parfait Dharma et de la réalité au moyen d'un esprit sans distraction.»

Voilà qui montre clairement la nécessité de développer une sagesse qui examine les réalités conventionnelle et ultime au sein d'une concentration unifiée, de manière à amener le pratiquant à gagner une conviction ferme et une foi dans la base, la voie et le résultat spirituels tels que le système du Mahāyāna les enseigne.

---

49 le *Mahāyānaprasādaprabhāvanāsūtra*.

L'esprit d'un yogi sera distrait par divers objets s'il se contente de cultiver la vision supérieure sans développer un état de repos paisible. Il sera instable, tel une lampe à beurre dans le vent. Puisque la clarté de la conscience claire originelle sera alors absente, ces deux méthodes [la vision supérieure et l'esprit reposant dans le calme] devraient être cultivées à égalité. C'est pourquoi le *Sūtra du grand Au-delà de la souffrance*[50] déclare : «Les Auditeurs sont incapables de voir la nature de bouddha parce que leur absorption unifiée est trop forte et leur sagesse trop faible.»

Si l'on interprète ceci dans les termes des systèmes philosophiques qui affirment que les disciples de la voie des Auditeurs et de celle des Réalisés solitaires ne réalisent pas l'inexistence du soi des phénomènes ou vacuité[51], on dira qu'ils ne voient pas la nature de bouddha avec une sagesse qui analyse la réalité. Ils réalisent seulement l'inexistence du soi des personnes, et non l'insubstantialité des phénomènes. Ceci parce que leur concentration est plus puissante que leur sagesse. Si on l'interprète selon l'opinion que les ārya ou les êtres exaltés parmi les Auditeurs et les Réalisés solitaires sont semblables aux ārya du Mahāyāna en ce qui concerne la réalisation de la vacuité[52], l'affirmation que les Auditeurs ne sont pas capables de voir la nature de bouddha signifie que leur réalisation de la nature de l'esprit souillé ne s'appuie pas sur l'application d'un large panel de logique et de raisonnements. Ceci parce que leur concentration unifiée est forte et leur sagesse faible.

50 le *Mahāparinirvāṇasūtra*.

51 C'est l'opinion des systèmes philosophiques du Mahāyāna retenue par les Nyingmapa, les Sakyapa et les Kagyüpa du bouddhisme tibétain.

52 C'est l'opinion de Djé Tsongkhapa (1357-1419) et de ses successeurs dans l'école Guélougpa du bouddhisme tibétain.

«Les bodhisattva peuvent la voir, mais pas clairement, car leur sagesse est trop forte et leur concentration unifiée trop faible. Seuls les Tathāgata peuvent en voir la totalité parce qu'ils possèdent à un même degré un esprit demeurant dans le calme et une vision supérieure.»

Ce point est difficile, n'est-ce pas ? Mais nous pouvons en donner deux explications. Premièrement, je pense que l'auteur voulait dire ici que même si les bodhisattva ont une perception directe de l'ainsité, ils appréhendent directement l'ainsité uniquement lors de l'absorption méditative et non au cours de la période post-méditative. Toutefois, pour les bouddha, la réalisation de l'ainsité est totale et complète. Par conséquent, ils appréhendent directement l'ainsité à tout moment, qu'ils méditent ou non, sans que cela fasse de différence.

Deuxièmement, ce paragraphe pourrait signifier que même si les bodhisattva appréhendent directement l'ainsité de l'esprit, ils ne l'appréhendent pas clairement. Ceci à cause des potentialités latentes des souillures mentales qu'ils doivent encore éliminer. Au contraire, les bouddha sont complètement et définitivement libres de la moindre des souillures et ont éliminé entièrement leurs potentialités latentes. Leur connaissance de l'ainsité est donc excellente.

À cause du pouvoir de la méditation du calme mental, l'esprit ne sera pas perturbé par le vent des pensées conceptuelles, tel une lampe à beurre qui n'est pas agitée par la brise. La vision supérieure élimine toutes les taches des vues erronées, de sorte que vous ne serez pas affecté par les opinions des autres. Le *Sūtra de la lampe lunaire*[53] déclare : «Grâce à la force de la méditation du calme mental, l'esprit deviendra imperturbable, et grâce à la vision supérieure, il deviendra tel une montagne.» Voilà

53 le *Candrapradīpasūtra.*

pourquoi vous maintiendrez une pratique yogique alliant les deux.

Voilà qui révèle les caractéristiques et le sens de la méditation du calme mental et de la vision supérieure. La méditation du calme mental est une qualité de l'esprit qui prête une attention unifiée à son objet, libre de toutes les distractions extérieures et intérieures. L'esprit ne se concentre sur aucun objet autre que celui de sa concentration. Puisqu'il est libre de toute lourdeur, il appréhende son objet avec la plus grande clarté. Le développement prolongé d'un tel état d'esprit unifié a pour résultat la félicité due à la flexibilité physique et mentale. Et lorsqu'une telle concentration unifiée est conjointe à la félicité, il s'agit de la méditation du calme mental en tant que telle. La vision supérieure est une sagesse qui allie la félicité physique et mentale à la réalisation de la vacuité. Cette félicité découle de la sagesse analytique, qui examine encore et encore la réalité de son objet, et se fonde sur la félicité de la méditation du calme mental. Cette vue ne peut se satisfaire de la simple fixation de l'esprit sur son objet. Quel que soit l'objet, qu'il concerne la réalité conventionnelle ou la réalité ultime, il est minutieusement examiné à l'aide de la sagesse analytique.

Chapitre VII

LES CONDITIONS PRÉALABLES COMMUNES AUX MÉDITATIONS DU CALME MENTAL ET DE LA VISION SUPÉRIEURE

Comment pratiquer conjointement la méditation du calme mental et la vision supérieure ?

Pour commencer, le yogi devrait réunir les conditions préalables qui l'aideront à accomplir promptement et aisément la méditation du calme mental et la vision supérieure.

Il est évident que les pratiquants ont besoin de s'appuyer sur ces conditions préalables pour obtenir des réalisations spirituelles.

Les conditions préalables indispensables au développement de la méditation du calme mental sont : vivre dans un lieu favorable, limiter ses désirs et pratiquer le contentement, ne pas s'impliquer dans de trop nombreuses activités, maintenir une moralité pure, et éliminer complètement l'attachement et toute autre sorte de pensée conceptuelle.

Kamalaśīla explique ensuite ce que signifie un environnement favorable ou adéquat.

On reconnaîtra un environnement favorable à ces cinq caractéristiques : on doit pouvoir s'y procurer aisément de la nourriture et des vêtements, il doit être dépourvu d'êtres malins et d'ennemis, être dénué de maladies, être fréquenté par de bons amis qui

maintiennent une discipline éthique et partagent des vues similaires, n'être visité que par peu de gens le jour et être peu bruyant la nuit. Limiter ses désirs signifie ne pas être excessivement attaché à de nombreux vêtements de qualité, tels que les robes monacales, etc. Par pratique du contentement, il faut entendre être toujours satisfait de peu, par exemple de robes monacales médiocres, etc. Ne pas être impliqué dans de nombreuses activités veut dire laisser tomber les activités ordinaires telles que les affaires, éviter de s'associer étroitement à des laïcs et des moines, et abandonner complètement la pratique de la médecine et de l'astrologie.

Les associations, dans ce contexte, désignent les rassemblements et les bavardages sur ceci ou cela sans aucun but. Pour ceux qui sont capables de méditer avec beaucoup de concentration, les pratiques telles que la médecine et l'astrologie deviennent des empêchements. Par conséquent, à moins qu'il existe des raisons spéciales d'agir autrement, on conseille aux pratiquants d'éviter ces occupations mondaines.

Même dans le cas où l'on dit qu'une transgression des vœux des Auditeurs ne peut être réparée, si le regret et la conscience claire de l'intention de ne pas recommencer sont présents, ainsi que la compréhension de l'absence d'identité réelle de l'esprit qui a commis l'action ou encore la familiarité avec l'absence d'identité réelle de tous les phénomènes, on peut dire que la moralité de la personne est pure. On devrait comprendre cela selon le *Sūtra sur l'élimination des regrets d'Ajātaśatru*[54]. Vous devriez

[54] L'*Ajātaśatrukaukṛttiyavinodanasūtra*, texte consacré à Ajātaśatru, un prince qui, sous la mauvaise influence de Devadatta (le cousin et l'ennemi du Bouddha), fit jeter le roi Bimbisāra son père en prison et l'y laissa mourir de faim. Lors de la naissance de son propre fils, il fut pris de remords et après avoir frôlé le suicide, rencontra le Bouddha qui lui assura que son repentir le mènerait à la

surmonter vos regrets et redoubler d'effort dans votre méditation.

Les deux types d'éthique sont les vœux de la libération individuelle[55] et les vœux de bodhisattva[56]. Ils pourraient aussi inclure les vœux des gens ordinaires et les vœux des laïcs[57].

Le passage suivant traite de la futilité des désirs et de la nécessité d'écarter les activités mondaines. À cette fin, il est important d'écarter tout type de conception erronée.

Le fait d'être attentif aux divers défauts de l'attachement à cette vie et aux vies futures vous aidera à éliminer les conceptions erronées à ce propos. Dans le cycle des existences, les belles choses comme les choses répugnantes ont ceci en commun qu'elles sont toutes instables et sujettes à la désintégration. Il ne fait aucun doute que vous serez séparé sous peu de toutes ces choses. Méditez ainsi : «pourquoi donc le soi devrait-il s'attacher avec tant d'excès à ces choses ?», puis dissipez toutes les conceptions erronées.

Quelles sont les conditions préalables à la vision supérieure ? Il faut se confier à des personnes saintes, rechercher sérieusement des instructions élaborées et une contemplation correcte.

---

cessation de ses actes négatifs sans toutefois suffire à effacer les conséquences de son acte criminel. Ajātaśatru deviendra alors le fidèle soutien de la communauté du Bouddha.

55 sk. *pratimokṣasaṃvara*, tib. *so-so thar-pa'i sdom*, les vœux du Vinaya qui comprennent les vœux des laïcs, des moines et nonnes novices et pleinement ordonnés.

56 sk. *bodhisattvasaṃvara*, tib. *byang-chub sems-dpa'i sdom*, les vœux correspondant à l'engagement du bodhisttva dans le Mahāyāna.

57 sk. *upāsakasaṃvara*, tib. *dge-bsnyen gyi sdom*, les vœux de laïcs (et des laïques) qui comprennent cinq préceptes (ne pas tuer, ne pas voler, ne pas s'engager dans l'adultère, ne pas mentir, ne pas prendre d'intoxicants).

Dans ce contexte, la contemplation concerne la méditation à la fois sur la réalité conventionnelle et la réalité ultime. À présent, le texte explique quelles sont les caractéristiques d'un guide spirituel.

Sur quelle sorte de personne sainte devrions-nous compter ? Sur celle qui a entendu de nombreux [enseignements], qui s'exprime clairement, est douée de compassion et a la capacité d'endurer des épreuves.

Une expression claire signifie une parole habile, mais sans compassion, cela ne va pas très loin. Quand la compassion fait défaut, même une grande connaissance est de peu d'utilité. On explique que la compassion ou le bon cœur constituent la qualité la plus essentielle pour qu'un maître soit productif et efficace dans le cadre de l'enseignement. Il existe d'autres défauts dans l'enseignement, par exemple être fatigué de donner des explications aux étudiants. Aussi est-il également important d'être tolérant et de s'armer de patience face à de telles difficultés.

Que veut-on dire par rechercher des instructions détaillées ? Il s'agit d'écouter sérieusement et respectueusement le sens définitif et provisoire des douze branches des enseignements du Bouddha. Le *Sūtra qui révèle la Pensée* nous dit : «Ne pas écouter les enseignements des êtres supérieurs comme vous le souhaiteriez est un obstacle pour la vision supérieure.» Le même sūtra déclare : «La vision supérieure surgit de sa cause, la vue correcte, qui elle-même provient de l'écoute et de la contemplation.» Le *Sūtra des questions de Narayāna* dit : «Par l'expérience de l'écoute [des enseignements], vous obtenez la sagesse, et avec cette sagesse, toutes les émotions perturbatrices seront rigoureusement pacifiées.»

Ce passage explique très clairement et succinctement les avantages de l'acquisition d'une vaste connaissance au moyen de l'écoute et de la contemplation. Ceci s'applique tout particulièrement à la valeur d'une connaissance riche et polyvalente des enseignements scripturaires.

Qu'entend-on par contemplation correcte ? Il s'agit d'établir avec justesse quels sont les sūtra définitifs et ceux qui sont interprétables. Quand les bodhisattva sont libérés du doute, ils peuvent méditer de manière unifiée. Mais si le doute et l'indécision les assaillent, ils seront comme un homme à la croisée des chemins, incapable de choisir la voie à suivre.

Quoi que vous ayez entendu, il est extrêmement important d'en assurer le sens au moyen de la contemplation. Autrement, vous serez comme une personne indécise à la croisée des chemins. L'indécision et le doute sont un obstacle naturel au développement de votre compétence dans l'enseignement et l'explication du sujet à des étudiants.

Dans le passage précédent, le texte fait allusion à des sūtra de sens définitif[58] et de sens interprétable[59]. Qu'entend-on par là ? Il s'agit de l'un des soucis les plus cruciaux de la philosophie bouddhiste. Il est dit communément que le Bouddha donna trois tours de Roue du Dharma. Le premier tour représente les Quatre Noble vérités. L'exposé des Quatre Nobles Vérités constitue la trame et le fondement du bouddhisme. Les quatre vérités sont la vérité de la souffrance, la vérité de l'origine de la souffrance, la vérité de la cessation et la vérité du chemin.

Dans le second tour de Roue du Dharma, le Bouddha traita exclusivement, et de manière exhaustive, de la Noble Vérité de la cessation. Il y a des indices qui tendent à montrer que les écritures de la perfection de sagesse[60] tirent leur origine de cet enseignement. Puisqu'il y avait des individus qui ne pouvaient pas comprendre la notion d'inexistence du soi telle qu'elle fut

---

58 sk. *nirtārtha* (tib. *nges-don*), de sens certain, c'est-à-dire à prendre à la lettre.

59 sk. *neyārtha* (tib. *drang-don*), de sens provisoire, sujet à interprétation.

60 Les *Prajñāpāramitāsūtra*.

enseignée au cours du second tour de Roue, et qu'il était possible que certaines personnes développent des vues erronées à ce propos, c'est au cours du troisième tour de Roue que le Bouddha clarifia son discours sur l'inexistence du soi dans le cadre de l'exposé des trois types de phénomènes : les phénomènes imputés, les phénomènes dépendants et les phénomènes parfaitement établis[61]. Les phénomènes imputés sont dits dépourvus de soi parce qu'ils sont dépourvus d'identité propre. Les phénomènes dépendants sont dits dépourvus de soi par ce qu'ils sont dépourvus de l'identité d'être produits par eux-mêmes, et les phénomènes parfaitement établis sont eux-mêmes dépourvus de soi parce qu'ils sont dénués de toute identité ultime.

Cependant, certains sūtra enseignés lors du troisième tour de Roue, tels que le *Sūtra de l'Essence des Tathāgata*[62], expliquèrent la claire lumière de l'esprit subjectif en sus de la claire lumière de l'objet, ou vacuité, qui avait été parfaitement exposée au cours du second tour de Roue. La nature de l'esprit y est traitée en grand détail. Puisque la quatrième Noble Vérité, la vérité du chemin, était ainsi plus explicitement et plus profondément exposée, il en résulta un lien naturel avec les Tantra, facilitant la compréhension de leurs enseignements.

Le Bouddha donna son enseignement dans le seul but d'être utile à ceux qui les écouteraient. Il employa des moyens habiles pour atteindre ce but, donnant des enseignements sur le grand véhicule et le véhicule moindre en tenant compte de la plus ou moins grande ouverture d'esprit des gens. Les différents systèmes philosophiques

---

61 Il s'agit des trois natures ou trois caractéristiques des phénomènes (sk. *trilakṣaṇa, trisvabhāva*, tib. *mtshan-nyid gsum*), exposées dans les *sūtra* du troisième tour de Roue comme le *Saṁdhinirmocanasūtra*, et développées dans l'école philosophique de l'Esprit seul (Cittamātra) : 1) la nature imputée ou entièrement imaginaire (*parikalpita*), simple imagination conceptuelle surimposée au phénomène, qui lui attribue une existence réelle selon son apparence ; 2) la nature dépendante (*paratantra*), qui comprend tous les phénomènes composés doués d'efficience et dépendant de causes et de conditions ; 3) la nature parfaitement établie (*pariniṣpanna*), qui est l'absence totale de nature imaginaire dans la nature dépendante.

62 le *Tathāgatagarbhasūtra*

furent enseignés pour la convenance des différents degrés d'intelligence. En conséquence, il y a quatre écoles bouddhistes de pensée. Pour parler grossièrement, quelques écoles soutiennent que lors du premier sermon, le Bouddha n'enseigna que les seize attributs des Quatre Nobles Vérités. Elles affirment qu'il n'y avait là aucun enseignement sur la vacuité, mais seulement des explications sur l'inexistence du soi des personnes.

Les systèmes philosophiques du Mahāyāna soutiennent pour leur part que le Bouddha expliqua l'insubstantialité des phénomènes ou vacuité aussi bien que l'inexistence du soi individuel, et les enseigna conjointement aux seize attributs des Quatre Nobles Vérités. Les écoles de pensée du Mahāyāna sont l'école cittamātra [Esprit seul] et l'école mādhyamika [Voie médiane]. Ces deux écoles affirment l'inexistence en soi des phénomènes.

Quelques-unes des écritures contiennent des enseignements du Bouddha qui ne peuvent être acceptés littéralement. C'est pourquoi nous devons les diviser en enseignements définitifs et interprétables. Les définitions de ces termes varient aussi en fonction des différentes écoles de pensée. L'école cittamātra considère que les enseignements définitifs sont ceux dont le sens peut être accepté littéralement, les enseignements interprétables étant ceux dont le sens ne peut être accepté littéralement. L'école mādhyamika-svātantrika caractérise les écritures de sens définitif comme étant ces enseignements qui ont une réalité ultime comme sujet direct et principal de discussion et que l'on peut accepter littéralement. Les enseignements du Bouddha autres que ceux-là appartiennent au groupe des écritures interprétables.

Afin de nous assurer de la réalité ultime, la subtile vacuité, nous devons suivre les sūtra et leurs commentaires qui exposent le sujet à la perfection. À cette fin, nous devons comprendre les textes scripturaires dans leur séquence correcte et selon qu'ils appartiennent à la catégorie définitive ou à celle sujette à interprétation. Or, si nous suivons les pas des grands êtres qui ont indiqué lesquelles parmi les écritures étaient définitives et lesquelles étaient sujettes à interprétation, et si nous recherchons la vacuité en étudiant ces sūtra et leurs commentaires, nous serons en mesure de réaliser la vue de la vacuité. Ainsi, Kamalaśīla insiste sur l'importance d'étudier aussi bien les sūtra définitifs que ceux qui sont interprétables.

Le texte traite à présent des conditions préalables communes à la méditation du calme mental et à la vision supérieure.

Les yogis devraient en permanence éviter le poisson, la viande, etc., devraient manger avec modération et éviter les nourritures qui ne favorisent pas la bonne santé.

Les méditants ont besoin d'être physiquement en bonne santé. Pour cela, une diète correcte est essentielle. D'un autre côté, leur esprit devrait être clair et fort, ce qui contribuera aussi à la santé physique. Pour ces raisons, il est recommandé d'arrêter de manger du poisson, de la viande, de l'ail, de l'oignon, etc. On devrait manger avec modération une nourriture appropriée, car les indigestions peuvent provoquer des ravages dans la méditation. Qui plus est, ceux qui mangent trop peuvent difficilement rester éveillés.

Ainsi, les bodhisattva qui ont réuni toutes les conditions préalables pour la méditation du calme mental et la vision supérieure devraient entrer en méditation.

Il existe d'autres pratiques telles que ne pas dormir au cours de la première et de la dernière partie de la nuit. Et tandis que vous dormez durant la partie médiane de la nuit, il vous faut cultiver l'attention et maintenir une posture correcte.

Si une diète végétarienne n'entraîne pas des déficiences en protéines, elle constitue une saine manière de vivre. Même si vous ne pouvez pas être strictement végétarien, il sera bénéfique de modérer la quantité de viande que vous mangez. Dans les écoles méridionales du bouddhisme, le fait de manger de la viande n'est pas strictement prohibé, mais la viande de certains animaux comme ceux qui n'ont pas les sabots fendus, ou de ceux qui ont été spécialement tués pour votre consommation personnelle, est défendue. Ce qui veut dire que la viande vendue habituellement sur les marchés est acceptable.

Une telle viande qui peut être mangée est dite "viande pure" et se distingue par trois conditions : que vous n'ayez pas vu l'animal être tué pour que vous le mangiez, que vous n'ayez aucune information de cet ordre, et que vous n'ayez aucun doute sur le fait que cet animal n'a pas été tué spécialement pour votre consommation personnelle. En général, les écoles bouddhistes du Mahāyāna ne prohibent pas non plus la consommation de viande. Cependant, certaines écritures, comme le *Sūtra de la Descente à Laṅka*[63], prohibent strictement et tout le temps la consommation de viande, tandis que d'autres, comme l'*Essence du Mādhyamika*[64] d'Ācarya Bhāvaviveka, semblent l'autoriser. Ainsi, quelques-uns des textes mahāyāna concernant la perfection de sagesse[65] prohibent la consommation de viande tandis que d'autres non. Les trois classes inférieures de tantra interdisent strictement de manger de la viande, tandis que les classes supérieures en autorisent la consommation. Certaines pratiques rituelles propres à cette classe de tantra requièrent les cinq sortes de viandes et les cinq sortes de nectar. Selon la règle la plus générale, par conséquent, on peut manger la viande que l'on trouve au marché, mais nous devons nous abstenir de (faire) tuer des animaux pour notre consommation personnelle.

Comme on l'a expliqué plus tôt, les pratiquants motivés qui jouissent des commodités nécessaires et ne risquent pas d'être dérangés devraient accomplir les pratiques préparatoires avant d'entreprendre la méditation du calme mental.

Quand il médite, le yogi devrait d'abord compléter les pratiques préliminaires. Après s'être rendu aux toilettes, et s'être installé dans un lieu agréable dénué de bruits dérangeants, il songera : "Je

---

63 Le *Laṅkāvatārasūtra* (tib. *Langka'i gshegs-pa'i mdo*)

64 Les *Madhyamakahṛdayakārikā*

65 Prajñāpāramitā

délivrerai tous les êtres en les menant vers l'état d'Éveil." Puis il manifestera une grande compassion, le souhait de libérer tous les êtres, et rendra hommage à tous les bouddha et bodhisattva des dix directions en touchant le sol des cinq points de son corps.

Invoquez un champ de mérites[66] en visualisant tous les bouddha et les bodhisattva réunis dans l'espace devant vous, et priez. Ceci est une pratique exclusivement propre aux sūtra. Quand vous faites l'invocation selon les tantra, vous engendrez l'être d'engagement[67] et faites fondre en vous l'être de sagesse[68]. Quand vous faites les prosternations, la tradition vous recommande de toucher le sol de vos cinq "membres" : le front, la paume des mains et les genoux. Point important, vous devriez le faire correctement et avec joie. Il est malsain d'accomplir des prosternations comme une simple formalité ou par contrainte.

Vous pouvez disposer sur un autel des représentations du corps, de la parole et de l'esprit des bouddha ou bien les visualiser dans l'espace situé devant vous. Les offrandes devraient être faites selon vos moyens. Si vous êtes riche et prospère, faites de bonnes et belles offrandes. Mais si vous n'avez pas les moyens d'acquérir de belles et nombreuses représentations du Bouddha, il n'est pas nécessaire de vous en procurer d'une manière incorrecte. Au lieu d'inciter à la vertu, les statues et les thanka acquises par la fraude et l'escroquerie n'amènent que des conséquences négatives.

Si vous êtes un moine solitaire en retraite dans les montagnes, un trop grand nombre de représentations religieuses ne fera que tenter les voleurs, voilà tout. Autrefois, les grands saints comme

---

66 Il peut s'agir d'un "arbre de refuge", c'est-à-dire de la visualisation d'un arbre de lotus où sont disposés les maîtres de la lignée, les bouddhas et bodhisattvas, etc., ainsi que les livres des enseignements. Cette visualisation sert de support aux pratiques dévotionnelles et aux offrandes.

67 Le samayasattva, l'être-support, c'est-à-dire vous-même visualisé sous la forme de la déité yidam.

68 Le jñānasattva, l'être de sagesse transcendant que vous invitez dans les champs purs à venir se fondre au samayasattva.

Milarepa possédaient une haute réalisation et non de telles statues. Milarepa vivait dans une grotte vide. On raconte qu'une nuit, un voleur s'introduisit dans sa grotte, cherchant quelque chose à dérober. Milarepa rit et lui demanda : « Que cherchez-vous donc ? Quand je ne peux moi-même rien trouver le jour, qu'espérez-vous trouver la nuit ? » Ainsi, vous devriez vous rappeler que les réalisations spirituelles se développent en vous et que les objets extérieurs ne sont pas d'une grande aide.

Il est des gens qui, au nom de la pratique religieuse, déploient de rudes efforts pour édifier un autel coûteux et élaboré. Chargé de représentations sacrées, il devient partie intégrante de leurs meubles et perd beaucoup de sa signification et de son propos. Donc, si vous pouvez acquérir des représentations du corps, de la parole et de l'esprit des bouddha d'une manière convenable, vous devriez avoir une statue du Bouddha Śākyamuni, le fondateur du bouddhisme. Pour représenter sa parole, vous pouvez disposer un exemplaire d'un *Sūtra de la Perfection de Sagesse* comme texte principal ainsi qu'une copie de l'*Avataṃsakasūtra* qui traite des actions des bodhisattva. À côté de ces objets, vous pouvez placer l'un de ces objets qui représentent l'esprit des bouddha[69].

Si vous ne pouvez pas vous procurer ces choses, ne vous en inquiétez pas. Mais si vous le pouvez, elles devraient être disposées de la bonne manière. Au centre, il devrait y avoir une image peinte, une statue ou une représentation de ce genre du Bouddha Śākyamuni. Tout autour de lui, il peut y avoir des représentations des déités de méditation, sous des aspects paisibles et courroucés, et des représentations des huit disciples proches du Bouddha. Si, d'un autre côté, vous disposez ces images en fonction de leur valeur monétaire, de la qualité du matériau dont elles sont faites, de leur antiquité ou de leur nouveauté, alors vous êtes en train de commettre une grave erreur. Agir ainsi est révélateur du fait que vous considérez ces images saintes comme n'étant rien de plus que des possessions matérielles.

---

69 un petit stūpa par exemple.

Donc, c'est en comprenant quels sont sa signification et son but que vous disposerez votre autel dans le bon ordre. Faites des prosternations et disposez des offrandes devant les objets sacrés. Vous devriez être attentif à ce que vous offrez. Si vous offrez ce que l'on appelle des "matériaux purs", vous accumulerez d'immenses mérites. À l'inverse, si les matériaux d'offrande sont "impurs", au lieu de gagner en vertu, vous vous mettez en position d'affronter des conséquences négatives. Les "matériaux impurs" sont ces choses obtenues au moyen des cinq mauvais moyens de subsistance comme la flatterie, la tromperie, etc. Ceci concerne tout particulièrement les personnes ordonnées.

Quand les gens traitent les textes sacrés, les statues ou les photos de bouddha comme de simples marchandises et en font le commerce pour des bénéfices personnels, il s'agit d'un mauvais moyen d'existence. C'est sans nul doute malsain et cela aura de sérieuses conséquences négatives. Au contraire, quand les gens travaillent pour publier des textes scripturaires, fabriquent des statues, etc., dans l'intention de diffuser la doctrine du Bouddha, c'est une autre affaire. Dans ce cas, si les individus sont animés par la motivation d'aider ceux qui ont besoin d'un tel support religieux, ils s'engagent dans des activités saines. Nous devons donc réaliser l'importance d'offrir de purs matériaux. Il existe une tradition largement répandue parmi les Tibétains d'offrir des bols d'eau et des lampes à beurre. On devrait également faire cela avec respect et d'une manière appropriée.

La pratique des offrandes est suivie d'une confession, de la réjouissance, de la requête des enseignements, de la supplique faite aux bouddha de ne pas se retirer en parinirvāṇa et de la dédicace. Ensemble, ces étapes constituent la pratique en sept branches. Les êtres hautement réalisés accomplissent ces pratiques précieuses pour accumuler un vaste mérite.

Il disposera face à lui ou en un quelconque autre lieu une représentation des bouddha et des bodhisattva, telle qu'une peinture. Il fera autant d'offrandes et de prières que cela lui sera possible. Il

confessera ses mauvaises actions et se réjouira des mérites de tous les autres êtres.

Le méditant devrait d'abord accomplir les pratiques en sept branches telles que les prosternations, les offrandes, la requête des enseignements, etc.

Puis, il s'assiera dans la posture complète du lotus de Vairocana, ou dans la posture du demi-lotus, sur un coussin confortable. Les yeux ne devraient être ni trop ouverts ni trop fermés. Laissez-les se poser sur la pointe du nez. Le corps ne devrait pencher ni vers l'avant ni vers l'arrière. Maintenez-le droit et portez votre attention vers l'intérieur. Les épaules détendues dans leur position naturelle, la tête ne devrait pencher ni vers l'avant ni vers l'arrière, ni d'un côté ni de l'autre. Le nez se trouvant dans l'alignement du nombril, les dents et les lèvres devraient demeurer dans leur position naturelle, la langue touchant le haut du palais. Respirant avec douceur, calmement et sans aucun bruit, sans effort ni irrégularités, il inspirera et expirera naturellement, lentement et imperceptiblement.

Les méditants doivent porter une attention spéciale à la manière de respirer. La respiration devrait être libre, sans bruits ni contraintes. Une respiration violente est préjudiciable. Respirez doucement et profondément. Inspirez et expirez calmement et sans inégalités.

Chapitre VIII

LA PRATIQUE DU CALME MENTAL

La méditation du calme mental devrait être accomplie en premier. Le calme mental est cet état d'esprit qui est venu à bout de la distraction par des objets externes et qui se tourne spontanément et continuellement vers l'objet de méditation avec félicité et souplesse.

Après avoir correctement accompli les pratiques préliminaires, vous devriez vous engager dans la méditation proprement dite, qui comprend le calme mental et la vision supérieure. Quelle est donc cette méditation du calme mental ? Il s'agit de cet état d'esprit qui prête naturellement attention à l'objet de méditation en apaisant les distractions provoquées par les objets extérieurs.

À côté de cela, comme elle est libre de toute lourdeur mentale et de toute excitation, cette méditation élimine graduellement les défauts du corps et de l'esprit. «Avec félicité et souplesse» s'applique à ces qualités physiques et mentales qu'un méditant développe. Dans le processus de méditation, la souplesse d'esprit est développée en premier, suivie par celle du corps. Fait intéressant, la félicité physique est engendrée après cela, suivie par la félicité mentale. Quand l'esprit est uni avec la félicité, on appelle cela méditation du calme mental.

Qu'est-ce que la vision supérieure ?

On appelle vision supérieure ce qui, partant d'un état de calme mental, examine avec soin l'ainsité. Le

***Sūtra des nuées de joyaux*[70] déclare : «La méditation du calme mental est un esprit concentré en un point ; la vision supérieure permet de faire des analyses précises de l'ultime.»**

Une fois que le méditant a développé la capacité de s'engager dans la méditation du calme mental, il ne place pas son esprit sur l'objet en le concentrant sur ce seul point, mais commence à l'examiner. Ici, l'objet de la méditation est avant tout la vérité ultime, mais les phénomènes conventionnels n'en sont pas exclus pour autant. La concentration qui développe la félicité physique et mentale par la force de l'analyse de l'objet est la vision supérieure. Par la suite, on atteint l'union du calme mental et de la vision supérieure.

Ce n'est pas l'objet de concentration qui distingue le calme mental de la vision supérieure. Tous deux ont pour objet des réalités relatives et ultimes. Il existe une méditation du calme mental qui se concentre sur la réalité ultime, et il existe une vision supérieure qui consiste à méditer sur la réalité relative. Par exemple, il existe une méditation du calme mental dans laquelle l'esprit se concentre en un seul point, sur la vacuité. Et dans la vision supérieure, on peut aussi méditer sur des phénomènes conventionnels tels que les aspects grossiers et subtils des voies méditatives.

Généralement, la différence entre ces deux sortes de méditation est celle-ci : le calme mental est une méditation de concentration[71] et la vision supérieure une méditation analytique[72]. Le véhicule des perfections[73] et les trois premières classes de tantra[74] partagent

---

[70] Le *Ratnameghasūtra*

[71] tib. *'jog-sgom*, méditation d'accès ou de concentration.

[72] tib. *dpyad-sgom*, méditation analytique ou investigatrice.

[73] sk. *pāramitāyāna*, tib. *pha-rol-tu phyin-pa'i theg-pa*, c'est-à-dire le Mahāyāna ou Grand véhicule.

[74] Kriyātantra, Caryātantra et Yogatantra.

cette notion. Mais selon les tantra les plus élevés[75], la vision supérieure est une méditation de concentration. Il s'agit d'un mode unique de compréhension dans le contexte duquel la vision supérieure opère pleinement comme une concentration méditative. À l'opposé, le Grand Sceau ou Mahāmudrā de la tradition kagyüpa et la Grande Perfection ou Dzogchen de la tradition nyingmapa ne parlent à propos de la vision supérieure que de méditation analytique.

Et d'après le *Sūtra qui révèle la Pensée*[76] : «Maitreya demanda : "Ô Bouddha, comment [les pratiquants] peuvent-ils s'engager à fond dans la méditation du calme mental et devenir experts dans la vision supérieure ?" Le Bouddha répondit : "Maitreya, j'ai donné les enseignements suivants aux bodhisattva : les sūtra, les louanges mélodieuses, les enseignements prophétiques, les enseignements versifiés, les instructions spéciales, les conseils pour des expériences spécifiques, les expressions de réalisation, les légendes, l'histoire de mes naissances, les enseignements développés, les enseignements merveilleux et les instructions de la doctrine établie[77]. Les bodhisattva devraient écouter soigneusement ces enseignements, se rappeler leur contenu,

75 Anuttarayogatantra.

76 cf. *Saṁdhinirmocanasūtra*, chapitre VIII, Les questions de Maitreya.

77 Il s'agit des douze catégories des enseignements du Bouddha (sk. *dvadaśadharmapravacana*) : les sūtra (tib. *mdo*), 2. les geya, chants à demi-versifiés (tib. *dbyangs-bsnyed*), 3. vyākaraṇa, les textes prophétiques (tib. *lung-bstan*), 4. gāthā, les stances versifiées (tib. *tshigs-bcad*), 5. udāna, textes biographiques des bouddha (tib. *ched-du brjod-pa*), 6. nidāna, textes introductifs (tib. *gleng-gzhi*), 7. avādana, paraboles et histoires biographiques de réalisation spirituelle (tib. *rtogs-brjod*), 8. itivṛttaka, aventures historico-légendaires (tib. *de-ltar byung-ba*), 9. jātaka, histoires des vies passées du Bouddha (tib. *skyes-rabs*), 10. vaipulya, grands enseignements très détaillés (tib. *shin-tu rgyas-pa*), 11. adibhūtadharma, enseignements merveilleux (tib. *rmad-du byung-ba*) et 12. upadeśa, instructions pratiques et détaillées (tib. *gtan-la phab*).

s'entraîner à les réciter et les examiner à fond intellectuellement. Avec une parfaite compréhension, ils devraient se rendre en des lieux retirés, réfléchir à ces enseignements et continuer à les méditer. Ils devraient se concentrer uniquement sur les sujets qu'ils ont déjà examinés et ce de manière continuelle. C'est ce que l'on appelle l'engagement mental.»

Dans la méditation du calme mental, vous concentrez uniment votre esprit sur les points essentiels et sur les points qui résument l'enseignement. Les enseignements du Bouddha, ainsi décrits en douze catégories, sont très développés et couvrent de vastes sujets tels que les agrégats physiques et mentaux[78], les éléments[79], les sources de perception[80], etc. Dans le cadre de la méditation du calme mental, vous n'êtes pas censé élaborer, mais vous en tenir au point essentiel sur lequel porte l'enseignement, qu'il s'agisse de la vacuité ou de l'impermanence, et contempler sa nature. À l'opposé, la méditation sur la vision supérieure est analytique. Le méditant élabore sa réflexion sur l'identité, l'origine et autres caractéristiques des objets de méditation que peuvent être les agrégats, les éléments, les sources de perception, etc.

«Quand l'esprit s'est ainsi engagé de manière répétée et que se sont établies une flexibilité physique et mentale, on appelle cet état d'esprit le calme mental. C'est ainsi que les bodhisattva recherchent correctement l'état où l'esprit repose calmement.»

---

78 Les cinq agrégats (sk. *pañcaskandha*, tib. *phung-po lnga*) : forme, sensations, perceptions, formations karmiques, conscience.

79 Les dix-huit dhātu (tib. *khams bco-brgyad*) : six objets des sens, six organes des sens, six consciences des sens.

80 les douze āyātana, sources ou sphères psycho-sensorielles (tib. *skyed-mched*) : six sources externes (objets des sens) et six sources internes (les organes des sens).

Par le processus de méditation, le pratiquant commence à manifester un esprit souple. Cette étape est précédée d'une sorte de lourdeur mentale qui est en fait le signe de l'abandon des défauts de l'esprit. Après avoir développé un esprit souple, vient la souplesse physique. Elle est l'opposé direct des défauts physiques. Il en résulte le développement de la félicité physique, d'où procède le développement de la félicité mentale.

> **«Quand le bodhisattva a obtenu les souplesses mentale et physique et demeure uniquement en cela, il élimine la distraction mentale. Le phénomène qu'il a contemplé en guise d'objet de concentration intérieure unifiante devrait alors être analysé et considéré comme un reflet. Ce reflet ou cette image, l'objet de la concentration unifiée, devrait faire l'objet d'un examen minutieux en tant qu'objet de connaissance. On devrait l'étudier en détail et l'examiner à fond. Pratiquez la patience et prenez-y plaisir. À l'aide d'une analyse adéquate, observez-le et comprenez-le. C'est cela que l'on appelle vision supérieure. Ainsi, les bodhisattva deviennent habiles dans les méthodes de la vision supérieure.»**

Il est crucial d'engendrer une bonne motivation. Le pratiquant devrait recréer cette attitude positive au cours du processus de la pratique. Pensez : «Je vais écouter ce texte sacré du grand Kamalaśīla afin d'atteindre l'Éveil insurpassable pour le bien de tous les êtres dont le nombre est aussi vaste que l'espace.» Il est de la plus haute importance que nous réalisions la rareté et le caractère précieux de la vie humaine. C'est sur cette base que nous pouvons atteindre nos buts, aussi bien temporaires qu'ultimes. Cette vie en tant qu'être humain libre et fortuné est une grande opportunité et nous devrions en tirer plein avantage. La racine et le fondement de la réalisation du but ultime de l'Éveil réside dans le développement de la pensée altruiste, qui elle-même a pour source la compassion. Les autres pratiques complémentaires, essentielles dans ce contexte, sont celles de la générosité et des autres actions méritoires, et l'entraînement à la concentration, c'est-à-dire l'union du calme mental et de la vision supérieure.

Avant d'engendrer de la compassion pour les êtres, le pratiquant doit penser aux souffrances de l'existence cyclique en général, et en particulier aux souffrances des différentes destinées au sein du cycle des existences. Grâce à ce processus contemplatif, le pratiquant en vient à ressentir le caractère insupportable des tourments du cycle des existences. Ce qui le conduit naturellement à s'enquérir des moyens de les abandonner. Y a-t-il là une occasion pour que nous puissions nous libérer complètement de la souffrance ? Quelles sont les méthodes que nous avons besoin d'appliquer afin d'écarter la souffrance ? Si vous vous engagez sincèrement dans une telle enquête et examinez bien la question, vous réaliserez quelle est la cause qui provoque la souffrance. La source de la souffrance est la souillure mentale qui surgit des actions et des émotions perturbatrices. Elle est de nature temporaire et l'esprit peut complètement s'en défaire. Le pratiquant est amené à comprendre que la Noble Vérité de la cessation peut être atteinte en apaisant ou en éliminant les souffrances et leurs causes, et en corollaire, que l'individu développe le renoncement en souhaitant se libérer de la souffrance et de ses causes. Et lorsque vous souhaitez également que les autres êtres parviennent à se libérer de la souffrance et de ses causes, vous franchissez un pas important vers le développement de la compassion.

Pour commencer, le pratiquant devrait s'exercer aux étapes de la voie ordinaire, puis y intégrer graduellement les étapes de la plus grande voie. C'est une façon sensée et juste de concrétiser une carrière spirituelle.

Une fois que vous avez accompli les pratiques préparatoires, vous entreprenez l'entraînement aux deux types d'esprit d'Éveil, le conventionnel et l'ultime. En développant l'esprit d'Éveil conventionnel, un pratiquant entre dans les activités d'un bodhisattva, lesquelles comprennent les six perfections. La méditation sur l'esprit d'Éveil ultime est faite en engendrant une sagesse transcendante qui réalise directement la vacuité. Une telle sagesse résulte d'une stabilisation méditative, qui est l'union du calme mental et de la vision supérieure. En d'autres termes, tandis que vous vous concentrez sur un seul point, vous pouvez simultanément analyser la nature de la vacuité. Mais avant toute chose, le pratiquant doit rassembler les conditions préalables et les autres conditions qui favorisent la méditation sur le calme mental.

Les yogis qui cherchent à manifester un esprit qui repose calmement devraient avant tout se concentrer étroitement sur le fait que les douze collections d'écritures — les sūtra, les louanges mélodieuses, et ainsi de suite — se résument à ce qui mène à l'ainsité, y mènera et y a mené.

En dernière analyse, les enseignements du Bouddha sont directement ou indirectement liés à l'ainsité. Les textes qui traitent ouvertement de l'impermanence, de la souffrance, et ainsi de suite, traitent au bout du compte de l'ainsité, car bien qu'ils exposent la grossière inexistence du soi, comme la non-dualité du sujet et de l'objet, ils mènent directement à cette subtile vacuité que le Bouddha enseigna sans détours lors du second tour de Roue du Dharma.

L'une des manières de procéder à cette méditation consiste à fixer étroitement l'esprit sur les agrégats physiques et mentaux, objet qui inclut l'ensemble des phénomènes[81]. Une autre manière consiste à fixer l'esprit sur une représentation du Bouddha. Le *Sūtra roi de la stabilité méditative*[82] déclare :

---

[81] Les cinq agrégats incluent en effet l'ensemble des phénomènes conditionnés. L'agrégat de la forme désigne non seulement le corps physique des individus, mais aussi l'ensemble des phénomènes physiques du monde extérieur tels que les quatre grands éléments, les formes, les figures, les couleurs, les odeurs, les sons, etc. Les quatre autres agrégats (sensations, perceptions, formations karmiques et conscience) décrivent l'ensemble des phénomènes mentaux possibles des êtres animés qui habitent l'univers.

[82] le *Samādhirājasūtra*

Avec un corps à l'éclat doré,
Le seigneur de l'univers est d'une extrême beauté.
Du bodhisattva qui fixe son esprit sur cet objet,
Il est dit qu'il est dans l'absorption méditative.

Il existe toute une variété d'objets pour la méditation du calme mental. Le système tantrique est le seul à utiliser une déité de méditation ou une syllabe-germe pour objet. Ici, comme il s'agit d'un enseignement du système des sūtra, on utilise une représentation du Bouddha comme objet. La stabilisation méditative est une pratique commune aux bouddhistes et aux non-bouddhistes. Par conséquent, il est conseillé aux bouddhistes de choisir l'image d'un bouddha pour objet de méditation. De cette manière, on récoltera nombre de bienfaits afférents, tels que l'accumulation de mérites et se souvenir du Bouddha. Visualisez l'image du Bouddha assis sur un trône de précieux joyaux. Il devrait se trouver approximativement à une distance équivalente à la longueur de votre corps, demeurant dans l'espace en face de vous, au niveau de votre front. Vous devriez imaginer que l'image est à la fois bien présente et rayonnante.

Le pratiquant intelligent recherche la concentration en gagnant tout d'abord une compréhension juste de la vue. Une telle personne se concentre sur la vacuité comme objet de méditation et se donne pour objectif d'atteindre le calme mental de cette manière — ce qui est vraiment difficile. Les autres utilisent l'esprit lui-même pour objet dans leur quête du calme mental. En fait, le méditant se concentre sur la clarté et la conscience claire, ce qui est une façon pour l'esprit de se concentrer sur lui-même. Ce n'est pas non plus une tâche aisée. Pour commencer, le pratiquant a besoin d'identifier la claire conscience comme une expérience effective. L'esprit se concentre alors sur ce sentiment à l'aide de l'attention. L'esprit est mystérieux et revêt des myriades d'aspects. On ne peut l'identifier à la manière des objets extérieurs : il n'a ni figure, ni forme, ni couleur. Cette simple conscience claire est de la nature de l'expérience et du ressenti. C'est quelque chose qui ressemble à de l'eau colorée — bien que l'eau ne soit pas de la même nature que la couleur, tant qu'elles sont mêlées, sa vraie couleur n'est pas évidente. De la même manière, l'esprit n'a pas la nature des objets extérieurs tels qu'une forme physique, etc. Cependant, il est tellement habitué à suivre les cinq consciences des sens qu'il en est devenu pratiquement indistinct de la forme physique, de la figure, de la couleur, etc., qu'il perçoit.

Dans ce contexte, le mode de méditation consiste à faire cesser délibérément toutes sortes de pensées et de perceptions. Vous débutez en empêchant l'esprit de poursuivre les consciences des sens. Puis, l'étape suivante devrait consister à stopper l'esprit qui réfléchit sur les expériences des sens et les sentiments de joie et de tristesse. Concentrez l'esprit sur son état présent et naturel sans lui permettre de se préoccuper de la mémoire du passé ni de se projeter dans le futur. À travers un tel processus, la vraie «couleur» de l'esprit, pour ainsi dire, va graduellement se faire jour chez le pratiquant. Une fois l'esprit libre de toutes sortes de pensées et de concepts apparaît soudain un genre de vacuité. Si le méditant essaie de s'accoutumer à cette vacuité, la clarté de la conscience va naturellement devenir plus évidente.

Tout au long du processus de la pratique du calme mental, nous devrions être pleinement conscients des cinq défauts et des huit antidotes. Les cinq défauts sont la paresse, l'oubli de l'objet de méditation, la lourdeur mentale et l'agitation, le manque d'application des antidotes quand on est affecté par la lourdeur ou l'agitation, et l'application inutile des antidotes. Permettez-moi d'établir ce que sont les huit antidotes. Il s'agit de la foi, de l'intérêt, de la persévérance, de la souplesse, de l'attention ou rappel, de la rigueur, de l'application des antidotes lorsque l'on est affligé par la lourdeur ou l'agitation, et de la cessation de l'application des antidotes quand elles ne sont pas nécessaires. La foi ici s'applique au délice et à la joie dans la pratique de concentration, qui naissent de l'appréciation de ses bienfaits. Elle mène tout naturellement à l'intérêt pour la pratique et nous aide à renforcer la persévérance. Les quatre premiers antidotes — la foi, l'intérêt, la persévérance et la souplesse — contrecarrent la paresse, et le cinquième antidote, l'attention, contrecarre l'oubli de l'objet de méditation. La rigueur ou sérieux, le sixième antidote, s'oppose à la lourdeur et à l'agitation. Quand l'esprit souffre de la torpeur, on devrait faire un effort pour éveiller et élever l'esprit. L'agitation devrait être contrée en ramenant au calme l'esprit agité. Par une pratique prolongée, le méditant gagne une stabilité mentale et s'élève en franchissant les étapes de la concentration. Au huitième et au neuvième stades, l'esprit est dans une profonde concentration. À ce moment-là, l'application des antidotes n'est qu'une distraction, et on devrait donc l'éviter.

Fixez de cette manière l'esprit sur l'objet de votre choix et quand vous l'avez fait, n'ayez de cesse d'y fixer l'esprit sans interruption. Ayant ainsi fixé l'esprit, examinez-le et vérifiez s'il est correctement concentré sur l'objet. Vérifiez aussi [qu'il n'y a pas de] torpeur et voyez si l'esprit est distrait par les objets extérieurs.

Pour développer la méditation du calme mental, le pratiquant a tout à fait la liberté de choisir l'objet de méditation qui lui semble approprié et confortable. Il devrait alors concentrer son esprit sur l'objet, sans lui permettre de se laisser distraire par les objets extérieurs ni le laisser sombrer dans la torpeur. Il devrait viser l'atteinte de la concentration unifiée[83] conjointe à la clarté la plus vive.

La lourdeur se produit lorsque l'esprit est dominé par la paresse et manque de vivacité comme de tranchant. Même dans la vie courante, il nous arrive de dire que nous avons l'esprit "embrumé" ou "endormi". Quand la torpeur est là, le méditant ne se maintient pas fermement sur son objet et sa méditation n'est donc pas efficace.

Si vous sentez que la somnolence ou la torpeur mentale alourdit votre esprit, ou si vous craignez que cette lourdeur se manifeste, vous devriez porter votre attention sur un objet suprêmement agréable, comme

---

83 sk. ekāgratā (tib. *rtse-gcig*), litt. "concentration en un seul point", c'est-à-dire concentration unifiante, puis complètement unifiée à son objet.

une représentation du Bouddha ou l'idée de lumière. Une fois la torpeur dissipée par ce procédé, l'esprit devrait s'efforcer de voir l'objet très clairement.

La torpeur mentale et la lourdeur sont liées par une relation mutuelle de cause à effet. Quand un pratiquant est envahi par un état brumeux, l'esprit et le corps se sentent lourds. Le pratiquant perd sa clarté et l'esprit devient inefficace et improductif. La torpeur est une forme de découragement, et pour la contrer, il faut employer des techniques qui aident à élever l'esprit. Parmi les méthodes les plus efficaces, il y a celle qui consiste à penser à des objets réjouissants, comme les merveilleuses qualités d'un bouddha, ou à penser à la rareté de la précieuse vie humaine et à la chance qu'elle nous offre. Vous devriez vous inspirer de ces pensées pour vous engager dans une méditation fructueuse.

Dans le développement du calme mental, l'autre obstacle majeur consiste à être submergé par l'agitation mentale. Cela se produit lorsque l'esprit est dans un état d'excitation, quand il poursuit les objets de ses désirs et se rappelle ses expériences passées de joie et de bonheur. Les formes les plus grossières de l'agitation mentale feront que l'esprit oubliera complètement l'objet de sa concentration. La solution à ces problèmes consiste à méditer sur l'impermanence, la souffrance, et ainsi de suite, ce qui aidera l'esprit à se calmer.

Vous devriez reconnaître que la lourdeur est à l'œuvre lorsque l'esprit ne peut pas voir clairement son objet, quand vous vous sentez comme aveugle ou comme si vous étiez dans un lieu obscur ou les yeux clos. Si, tandis que vous méditez, votre esprit se met à poursuivre les caractéristiques des objets extérieurs telle leur forme, ou bien porte son attention sur d'autres phénomènes, ou encore est distrait par le désir d'un objet rencontré auparavant, ou même si vous suspectez l'approche d'une distraction, réfléchissez au fait que tous les phénomènes composés sont

impermanents. Pensez à la souffrance ou à tout autre sujet susceptible de tempérer votre esprit.

Si vous considérez les défauts d'une distraction mentale incessante, ou tout autre chose susceptible de décourager l'esprit, vous parviendrez à réduire l'agitation mentale. Lorsque l'esprit oublie l'objet de sa méditation et se laisse distraire par le souvenir d'expériences passées, en particulier liées à des objets d'attachement, on appelle cela agitation. Quand il oublie complètement l'objet de sa méditation pour se laisser distraire par les objets extérieurs qui l'entourent, il s'agit d'une agitation grossière. Si l'objet de la méditation n'a pas été perdu, mais que cependant une partie de l'esprit s'attarde sur un objet d'attachement, il s'agit d'une agitation subtile. L'agitation se manifeste lorsque l'esprit est surexcité. Lorsqu'il est trop exalté et excessivement actif, l'esprit est aisément distrait. L'antidote consiste à réduire la pétulance de l'esprit, ce que l'on peut obtenir en modérant son ardeur. Pour y parvenir, il est très utile de méditer sur des objets qui réduisent l'obsession et l'attachement à l'égard des objets extérieurs et intérieurs. Et dans cette situation, la méditation sur l'impermanence, la souffrance et tout autre sujet semblable est encore une fois très utile.

L'antidote à la torpeur et à l'agitation nous est fournie par l'introspection. L'introspection a pour fonction de permettre d'observer si oui ou non l'esprit repose fermement sur l'objet de méditation. L'attention, elle, a pour fonction de maintenir l'esprit sur son objet, ce qui, une fois obtenu, permet à l'introspection mentale de vérifier si l'esprit demeure ou non sur l'objet. Plus forte est votre attention, plus forte sera votre introspection mentale. Par exemple, si vous vous rappelez constamment qu'« il n'est pas bon de faire cela», que «cela n'aide pas», etc., vous êtes en train de maintenir l'introspection. Il est important de se soucier de vos aspects négatifs dans la vie courante et vous devriez être sur le qui-vive lorsqu'ils se manifestent. Par conséquent, l'un des traits et l'une des fonctions propres à l'introspection mentale consiste à évaluer la condition de votre esprit et de votre corps, et à juger si oui ou non l'esprit demeure fermement sur l'objet.

Parallèlement, il est important de se rappeler que si vous être trop déprimé, votre esprit deviendra lourd. Quand la lourdeur mentale menace, vous devriez vous efforcer de vous remonter le moral. Le fait que vous soyez abattu ou surexcité dépend beaucoup de votre santé, de votre diète, du moment de la journée, etc. Ainsi, vous êtes le meilleur juge quant au bon moment pour freiner votre exaltation ou vous remonter le moral.

Ce processus devrait permettre d'éliminer la distraction, et à l'aide de la corde de l'attention et de la vigilance, vous devriez attacher l'esprit semblable à un éléphant à l'arbre de l'objet méditatif. Lorsque vous trouverez que l'esprit est dégagé de la torpeur et de l'agitation et qu'il demeure naturellement sur l'objet, vous pourrez relâcher vos efforts et demeurer neutre tant qu'il en sera ainsi.

Au début, l'esprit prête tout juste attention à l'objet de méditation. Mais après une pratique prolongée, avec le développement des antidotes à la torpeur et à l'agitation mentales, les plus grossiers de ces empêchements perdent en force tandis que les plus subtils deviennent plus apparents. Si vous persistez dans la pratique et augmentez la force de votre attention et de votre vigilance, il viendra un moment où même les plus subtils de ces empêchements n'obscurciront plus votre méditation. Le fait d'engendrer la forte volonté de s'engager dans une méditation correcte et dégagée de tous les obstacles peut avoir un effet très favorable. Finalement, vous serez en mesure de vous asseoir sans effort pendant une session d'une heure ou plus.

Accéder à la concentration unifiée n'est pas une tâche facile. Il vous faut acquérir l'endurance de pratiquer longtemps. Par une pratique continuelle, vous pourrez petit à petit éliminer les défauts liés au corps et à l'esprit. Dans ce contexte, on entend par défauts les états de torpeur et de lourdeur du corps et de l'esprit qui les rendent inaptes et inutilisables pour la méditation. Ces défauts sont complètement éliminés lorsque le méditant développe les neuf étapes du calme mental[84]. Le pratiquant finit par développer une souplesse mentale, que suivra la souplesse physique.

Vous devriez comprendre que le calme mental est rendu effectif lorsque vous éprouvez la souplesse physique et la souplesse mentale dues à une longue habitude de la méditation, et que l'esprit a gagné le pouvoir de se maintenir sur l'objet dès qu'il le choisit.

La méditation du calme mental est une pratique commune aux bouddhistes et aux non-bouddhistes. Donc, en ce qui la concerne, il n'y a rien de profond ou de spécial à dire. Cependant, quand vous enquêtez sur la nature d'un objet, peu importe qu'il soit conventionnel ou ultime, la méditation du calme mental est très importante. Son principal objectif est le développement d'une concentration en un seul point. Que nous disions des prières ou que nous entreprenions des pratiques tantriques, nous nous heurtons à la question de leur efficacité. La principale raison en est le manque de concentration. Aussi devrions-nous développer un esprit capable de demeurer unifié sur un objet d'attention. Dans les étapes initiales, même si nous sommes incapables de développer un esprit reposant complètement dans le calme, il est crucial de cultiver une certaine stabilité mentale alors que nous pratiquons les six perfections, l'idéal altruiste, etc. La pratique de la méditation du calme mental a pour but final l'actualisation de la vision supérieure.

---

84 Laisser reposer l'esprit, stabiliser l'esprit correctement, restabiliser continuellement l'esprit, stabiliser étroitement l'esprit, dompter l'esprit, apaiser l'esprit, apaiser complètement l'esprit, accéder à la concentration unifiante, reposer dans l'égalité.

Chapitre IX

ACTUALISER LA VISION SUPÉRIEURE

Ce texte nous parle de l'engagement dans la pratique des six perfections telles que les cultive un bodhisattva. Dans ce cadre, l'objectif de la méditation du calme mental est de devenir capable de cultiver une vision supérieure transcendante. Par conséquent, après avoir cultivé le calme mental, nous devrions nous efforcer de cultiver la vision supérieure.

Après avoir maîtrisé le calme mental, méditez sur la vision supérieure, en pensant comme suit : «tous les enseignements du Bouddha sont parfaits et révèlent directement ou indirectement l'ainsité, y menant avec la clarté la plus grande. Si je comprends l'ainsité, je serai libéré des rets des vues fausses, de même que les ténèbres se dissipent lorsqu'apparaît la lumière. Une simple méditation du calme mental n'a le pouvoir ni de purifier la conscience claire primordiale ni d'éliminer les ténèbres des obscurcissements. Si je médite correctement à l'aide de la sagesse sur l'ainsité, la conscience claire primordiale sera purifiée. Ce n'est qu'avec la sagesse que je pourrai réaliser l'ainsité. Seule la sagesse me permettra d'éradiquer les obscurcissements. Par conséquent, en entreprenant la méditation du calme mental, je rechercherai l'ainsité avec sagesse. Et je ne me contenterai point du seul calme mental.»

La pensée altruiste qui aspire à l'Éveil le plus haut est engendrée sur la base de la compassion. Lorsqu'il a fermement établi cette motivation altruiste, le pratiquant entreprend des activités vertueuses telles que la méditation du calme mental et celle de la vision supérieure.

À présent, nous allons discuter de la vision supérieure. Pour pouvoir méditer sur la vision supérieure qui permet de réaliser la réalité ultime, nous avons besoin de développer la sagesse qui comprend l'inexistence du soi. Avant de pouvoir faire cela, vous devons rechercher le soi qui n'existe pas et l'identifier. Nous ne pouvons nous satisfaire du simple fait de croire qu'il n'existe pas. Nous devons acquérir la profonde certitude que ce "soi" n'a aucun fondement. Il est possible de s'en assurer par la perception directe ou par le raisonnement[85], comme nous le faisons pour tout autre phénomène, qu'il soit profane ou religieux. Si un objet est tangible, nous n'avons pas à prouver son existence, car nous pouvons le voir et le toucher. Mais pour ce qui est des phénomènes cachés, seul le recours à la logique et aux étapes du raisonnement peut nous permettre de déterminer leur existence.

L'inexistence du soi est de deux sortes : l'inexistence du soi de la personne et celle des phénomènes[86]. Le soi à infirmer est donc de deux sortes : le soi des personnes et le soi (ou substantialité) des phénomènes. Une personne se définit en fonction de ses agrégats mentaux et physiques. Cependant le soi ou la personne apparaît à la perception ordinaire comme le régisseur du corps et de l'esprit. La personne semble ainsi posséder une entité autonome ou un soi qui ne dépend ni des agrégats mentaux ou physiques ni de leur continuité ni de certaines de leurs parties, etc. Cette notion de personne indépendante à laquelle nous nous agrippons très fortement habituellement, représente le soi de la personne que nous

---

85 La perception directe (sk. *pratyakṣa*, tib. *mngon-sum*) et l'inférence (sk. *anumāna*, tib. *rjes-dpag*) sont les deux seuls moyens de cognition valide (sk. *pramāṇa*, tib. *tshad-ma*) selon la logique bouddhique.

86 c'est-à-dire l'insubstantialité, l'absence d'existence en soi ou vacuité des phénomènes.

cherchons à identifier. Il s'agit du soi à infirmer. Grâce à un cheminement intellectuel, le pratiquant peut comprendre que ce soi n'existe pas. Arrivé là, se développe en lui la sagesse qui réalise l'inexistence du soi des personnes.

L'insubstantialité des phénomènes fait référence au manque d'existence réelle des objets perçus et au manque d'existence réelle de l'esprit qui perçoit. Les objets perçus sont de même nature que l'esprit qui perçoit, bien que normalement ils paraissent exister extérieurement. Le fait de se saisir de cette existence extérieure devient la base du développement de l'attachement et de l'aversion. À l'opposé, quand nous voyons la réalité en percevant que les objets sont dénués d'existence extérieure et qu'ils procèdent simplement de la nature de l'esprit qui perçoit, la force du désir et de l'animosité décroissent naturellement. L'absence d'existence externe de l'objet perçu et l'absence de différence d'entité ou de substance entre celui qui perçoit et l'objet perçu constituent le niveau le plus grossier de l'inexistence du soi des phénomènes.

L'esprit qui perçoit est lui aussi dénué d'existence réelle. Quand nous disons que les choses sont dépourvues d'existence réelle, nous voulons dire que les choses existent sous l'influence de l'esprit auquel elles apparaissent, et que les objets ne peuvent avoir une existence indépendante ou substantielle de leur propre chef. Pour notre esprit abusé, les choses semblent exister de leur propre côté, et nous nous saisissons de cette apparence. Mais en réalité, les choses sont vides d'une telle existence. Telle est la vacuité subtile d'après cette école[87]. Ainsi, en infirmant l'apparente existence réelle des choses, nous développons le sentiment de leur nature illusoire. En comprenant qu'en réalité les choses sont semblables à une illusion, on contrecarre le développement des émotions négatives que sont l'attachement et l'aversion.

Ici, l'auteur explique très clairement que tous les enseignements du Bouddha sont en définitive conçus pour guider les pratiquants

---

[87] L'école Yogācāra-mādhyamika-svātantrika à laquelle appartenait Kamalaśīla tout comme son maître Śāntarakṣita.

vers la réalisation de l'état d'Éveil. Dans cette quête, il est crucial de comprendre l'ainsité. Le Bouddha lui-même atteignit l'Éveil en comprenant le sens de la réalité ultime. Il existe d'innombrables vues philosophiques, mais si nous suivons des vues correctes, nous pouvons progresser sur le chemin spirituel et pénétrer le sens de la vérité ultime. À l'inverse, suivre des vues incorrectes ne mène qu'à des impasses et à des conséquences déplaisantes. Les pratiquants qui pénètrent intellectuellement la vue de l'ainsité peuvent éradiquer définitivement toutes leurs opinions fausses.

À quoi ressemble l'ainsité ? C'est la nature de tous les phénomènes que d'être ultimement vides du soi de la personne et du soi des phénomènes. On réalise cela grâce à la perfection de sagesse, pas autrement. On lit dans le *Sūtra qui révèle la Pensée* : «Ô Tathāgata, au moyen de quelle perfection les bodhisattva appréhendent-ils l'absence d'identité des phénomènes ? — Avalokiteśvara, celle-ci est appréhendée par la perfection de sagesse.» Par conséquent, méditez sur la sagesse lorsque vous entrez dans le calme mental.

L'ainsité signifie l'inexistence du soi à la fois des personnes et des phénomènes, et plus particulièrement l'insubstantialité des phénomènes. Quand ils l'exposent en détail, les érudits en présentent différentes interprétations. D'après ce texte, l'inexistence du soi des phénomènes est présentée comme étant plus subtile que l'inexistence du soi des personnes. On établit la personne en fonction des agrégats mentaux et physiques. Quand nous parlons de l'inexistence du soi de la personne, la personne dont il est question serait une personne autonome existant d'elle-même, sans dépendre des agrégats. Une telle personne n'existe même pas au niveau conventionnel et par conséquent est dénuée de toute identité, ce que l'on appelle l'inexistence du soi de la personne.

Le grand Kamalaśīla était un étudiant réputé de l'illustre Śāntarakṣita et appartenait donc à l'école de pensée Yogācāra-mādhyamika-svātantrika. Cette école soutient l'existence de deux niveaux d'inexistence du soi des phénomènes — un subtil et un grossier. La non-dualité du sujet et de l'objet, ou de celui qui perçoit et de ce qui est perçu, constitue le niveau grossier de l'ainsité, tandis que la vue selon laquelle tous les phénomènes sont vides d'existence réelle est le niveau subtil de l'ainsité. Parmi tous les sūtra qu'enseigna le Bouddha, ceux de la *Perfection de Sagesse*[88] traitent ce sujet en profondeur.

Il est extrêmement important d'examiner très minutieusement les notions de "moi", de l'inexistence du soi des personnes et de l'insubstantialité des phénomènes. Chacun de nous a un sentiment inné et spontané du "moi". Il s'agit de ce qui éprouve la joie et la tristesse mais aussi de ce qui les fait surgir. Différentes écoles de pensée ont soutenu des vues variées depuis les temps anciens sur la manière dont le "moi" existe. L'une des anciennes écoles philosophiques de l'Inde concevait le soi ou le "moi" comme l'utilisateur, tandis que le mental et les agrégats physiques seraient les objets utilisés. Ainsi, le soi et les agrégats sont considérés comme des entités distinctes.

D'après d'autres philosophes, le soi est permanent, singulier et une entité indépendante. Le soi est ce qui provient des vies antérieures et passe dans la suivante lorsque les agrégats physiques et mentaux se désagrègent au moment de la mort. J'ai l'impression que d'autres religions comme le christianisme soutiennent la croyance en un soi permanent, singulier et indépendant. Ce qui sous-entend qu'un tel soi ne dépend pas ou ne s'appuie pas sur ses agrégats. Aucune des quatre écoles de pensée du bouddhisme ne souscrit à la croyance en un tel soi. Toutes lui dénient une quelconque existence substantielle en dehors des agrégats mentaux et physiques.

Néanmoins, selon la philosophie bouddhiste, le soi doit exister. Si nous en venions à la conclusion que le soi n'existe pas du tout, nous serions en parfaite contradiction avec la perception de tout un chacun. Nous devrions donc examiner et analyser de quelle façon le

---

88 Les *Prajñāpāramitāsūtra*

soi peut exister. Par l'analyse logique, nous pouvons déterminer que le soi existe en dépendance des agrégats mentaux et physiques. Différentes écoles offrent différents niveaux d'interprétation des agrégats, mais il est généralement accepté que la perception du soi se constitue en fonction de la perception des agrégats. En d'autres termes, on ne peut poser l'existence d'un soi qu'en dépendance des agrégats.

Pourquoi faire l'effort de rechercher le soi ou "moi" et d'enquêter sur la nature de son existence ? En gros, nous pensons que les gens peuvent être rangés dans deux camps : ceux qui sont de notre côté et ceux qui sont de l'autre côté. Nous sommes attachés à ceux qui sont de notre côté et nous développons de l'animosité à l'égard de ceux qui sont de l'autre côté. Ainsi motivés par l'attachement et l'aversion, nous commettons diverses actions négatives du corps, de la parole et de l'esprit. À la source de toutes ces pensées et de toutes ces actions malsaines et malséantes se tapit le sentiment du "moi" ou du soi. L'intensité et le champ de nos actions négatives dépend de la force avec laquelle nous nous accrochons à cette conception erronée du soi. Il est important de réaliser que cet attachement au "moi" est inné, et que, cependant, lorsque vous cherchez et essayez d'épingler ce "moi", vous êtes dans l'incapacité de trouver un "moi" autonome qui aurait le contrôle sur les agrégats mentaux et physiques.

À cause de cette méprise innée du "moi", nous avons une succession de désirs sans fin. Certains de ces désirs sont très bizarres. Il arrive qu'une personne ordinaire reconnaisse la beauté physique ou l'intelligence de quelqu'un d'autre et conçoive le désir d'échanger ses propres infériorités contre ces qualités. Le véritable mode d'existence du soi n'est autre qu'une imputation sur la base de ses causes et d'autres facteurs. Nous ne sommes pas en train d'essayer de nier le sentiment d'un soi ou du "moi" en tant que tel, mais nous devrions définitivement être capables de diminuer la force ou l'intensité du sentiment d'un "soi" autonome et indépendant.

Les yogis devraient mener ainsi leur analyse : on ne peut constater la présence d'une personne qui soit

séparée de ses agrégats mentaux et physiques, des éléments et des pouvoirs des sens. Il n'y a pas non plus de personne ayant pour nature les agrégats, etc., parce que les agrégats et les autres éléments ont pour essence d'être multiples et impermanents. D'aucuns ont désigné la personne comme étant permanente et singulière. La personne en tant que phénomène ne peut exister autrement que sous le mode unique ou multiple puisqu'il n'y a aucune autre manière d'exister. Par conséquent, nous devons conclure que l'affirmation mondaine du "moi" et du "mien" est une méprise complète.

On ne trouve aucun "soi" ni personne existant indépendamment des agrégats mentaux et physiques. C'est-à-dire qu'une personne existe en dépendance des agrégats. Ce que l'on peut fort bien comprendre au vu des conventions ordinaires. Quand le corps ou d'autres agrégats sont jeunes, nous disons de la personne qu'elle est jeune ; quand ils ont vieilli, nous disons de la personne qu'elle est âgée. Ces expressions conventionnelles correspondent à l'idée que la personne existe en dépendance des agrégats.

La méditation sur l'inexistence du soi des phénomènes devrait aussi suivre cette ligne : les phénomènes, en résumé, peuvent tous être inclus dans les cinq agrégats, les douze sources des perceptions et les dix-huit éléments[89]. Les aspects physiques des agrégats, des sources de perception et des éléments ne sont, au sens ultime, rien d'autre que des aspects de l'esprit. C'est pourquoi, lorsqu'ils sont réduits en particules subtiles et que l'on examine la nature individuelle des parties de ces particules subtiles, aucune identité définie ne peut leur être trouvée.

Le mot phénomène s'applique ici à toute chose éprouvée ou utilisée par la personne, comme les cinq agrégats mentaux et

---

89 cf notes 78, 79 et 80.

physiques, les douze sources sensorielles et les dix-huit éléments. Tous ces objets extérieurs, comme la forme physique, etc., semblent avoir une identité distincte de l'esprit qui les perçoit. Mais en réalité, tel n'est pas le cas. S'ils possédaient une identité distincte de l'esprit qui les perçoit, alors l'un et l'autre, le phénomène et l'esprit qui le perçoit, seraient par définition des entités sans relation aucune. Or, cela contredirait aussi la notion selon laquelle les choses sont énoncées par l'esprit qui les perçoit. Si les choses telles que les formes physiques avaient une existence externe, nous devrions être capables de les trouver même après avoir soustrait pièce par pièce les parties composant la forme. Comme ce n'est pas le cas, nous pouvons en conclure que les choses sont dénuées d'existence extérieure. Ce qui implique également que l'objet perçu et l'esprit qui perçoit n'existent pas en tant qu'entités séparées. Par conséquent, les partisans de cette école de pensée disent qu'il n'y a aucune existence extérieure séparée, qui ne soit pas de la même nature que l'esprit.

Les gens ordinaires se sont mépris sur les formes physiques depuis des temps sans commencement, et par conséquent, les formes semblent être séparées de l'esprit et lui être extérieures, tout comme les formes physiques qui apparaissent dans les rêves. Ultimement, les formes physiques et les autres phénomènes ne sont rien d'autre que des aspects de l'esprit.

Donc, l'ainsité ou vacuité désigne une absence de séparation substantielle entre l'esprit subjectif et l'objet perçu par cet esprit. Il en est ainsi parce que lorsque les choses matérielles sont brisées en petites particules et que l'on recherche l'identité de ces particules, aucune identité définie ni aucun soi ne peut être épinglé. Cette vue du Cittamātra ou école de l'Esprit seul est très similaire aux affirmations du Yogācāra-mādhyamika-svātantrika, avec quelques petites différences cependant, mais cette vue n'est pas acceptée par les écoles Mādhyamika plus tardives[90]. Les lignes

---

90 Sa Sainteté fait allusion au Mādhyamika-prāsaṅgika tel qu'il fut exposé par Djé Tsongkhapa et par l'école guélougpa à partir de la fin du XIVe siècle. Toutefois, un certain nombre d'auteurs nyingmapa, kagyüpa et même sakyapa, tout en se réclamant eux-mêmes du Prāsaṅgika, n'ont pas renié cette

suivantes exposent le point de vue philosophique spécifique au Mādhyamika :

> **Au sens ultime, l'esprit non plus ne peut pas être réel. Comment l'esprit, qui appréhende seulement la nature trompeuse des formes physiques et autres phénomènes, et qui apparaît sous des aspects variés, pourrait-il être réel ? Les formes physiques et autres phénomènes sont trompeurs, or l'esprit n'existe pas séparément des formes physiques et autres qui sont illusoires, il est donc également illusoire. Les formes physiques et les autres phénomènes possèdent des aspects variés et leur identité n'est ni une ni multiple. Il en va de même pour l'esprit qui n'est pas différent d'eux : son identité n'est pas davantage une ni multiple. Par conséquent, de par sa nature, l'esprit est comme une illusion.**

Même parmi les écoles de pensée bouddhistes, l'interprétation du sens de la vacuité est variable. L'interprétation de l'école cittamātra n'est pas acceptable du point de vue de ceux qui prônent la philosophie mādhyamika. De même, les partisans de l'école cittamātra ont leur propre logique pour réfuter le point de vue mādhyamika. Nous avons besoin de développer une vaste perspective afin de devenir capables de contempler le tableau d'ensemble de la philosophie plutôt que ses fragments. Les vues présentées par les écoles inférieures devraient directement ou indirectement aider le pratiquant à réaliser les vues des écoles supérieures. Le passage précédent traite de l'inexistence du soi des phénomènes telle que la présente spécifiquement l'école mādhyamika. D'après cette école, chaque phénomène est un simple étiquetage plaqué par l'esprit. Ce n'est pas seulement l'existence extérieure qui est dépourvue d'existence réelle mais aussi l'esprit

---

présentation yogācāra/cittamātra au niveau de la réalité conventionnelle. Ces auteurs sont cependant bien mādhyamika puisqu'ils clament la vacuité de l'esprit comme celle des phénomènes, et prāsaṅgika puisqu'ils utilisent les raisonnements par l'absurde pour démontrer la vacuité et non les syllogismes autonomes.

qui perçoit les catégories variées des phénomènes trompeurs. De la sorte, le Mādhyamika affirme que ce sont tous les phénomènes, extérieurs et intérieurs, qui sont dépourvus d'existence réelle ou n'existent pas ultimement. Quand les choses apparaissent à l'esprit, elles semblent exister vraiment, mais en réalité, elles sont dénuées d'une telle identité. Il existe un fossé entre la manière dont les choses apparaissent et leur mode d'existence réel. Un tel fossé est inacceptable du point de vue de la nature ultime des phénomènes. Par conséquent, tous les phénomènes sont dépourvus d'existence réelle.

Analysez et voyez que, tout comme l'esprit, les phénomènes sont dans leur nature semblables à une illusion. De cette manière, lorsque l'on examine précisément l'identité de l'esprit au moyen de la sagesse, on perçoit qu'au niveau ultime, ce dernier n'est ni à l'intérieur ni à l'extérieur. On ne le perçoit pas non plus dans l'absence des deux. Ni l'esprit du passé ni celui du futur ni même celui du présent ne sont perçus. Quand l'esprit naît, il ne vient de nulle part, et lorsqu'il cesse, il ne va nulle part car il n'est pas appréhendable, il est indémontrable et sans réalité physique. À la question : «Quelle est donc l'essence de ce qui ne peut être appréhendé, est indémontrable et sans réalité physique ?», l'*Amas de joyaux* répond : «Ô Kāśyapa, quand on recherche minutieusement l'esprit, on ne peut le trouver. Ce qui n'est pas trouvé ne peut être perçu. Et ce qui n'est pas perçu n'est ni passé, ni futur ni présent.» Par l'usage d'une telle analyse, on ne voit pas ultimement le commencement de l'esprit, on ne voit pas ultimement la fin de l'esprit et on ne voit pas ultimement le milieu de l'esprit.

Il s'agit de comprendre que tous les phénomènes n'ont ni fin ni milieu, tout comme l'esprit n'a ni fin ni milieu. Sachant que l'esprit n'a ni fin ni milieu, on ne

perçoit aucune identité de l'esprit. Ce que l'esprit réalise ainsi complètement, il le réalise également comme étant vide. En réalisant cela, la véritable identité, c'est-à-dire l'aspect de l'esprit, à l'instar de l'identité des formes physiques et autres, n'est pas perçue ultimement. De la sorte, quand une personne, à l'aide de la sagesse, ne voit ultimement aucune identité dans aucun phénomène, il n'entreprendra plus d'analyse pour découvrir si les formes physiques sont permanentes ou transitoires, vides ou non-vides, contaminées ou non-contaminées, produites ou non-produites, existantes ou non-existantes. De même qu'il n'examinera pas les formes physiques, de même, il n'examinera ni les sensations ni les perceptions, ni les facteurs de composition, ni la conscience. Lorsque l'objet n'existe pas, ses caractéristiques n'existent pas davantage. Comment donc pourrait-on les examiner ?

Ce passage traite de la réalité ultime. Il signifie qu'au sens ultime, on ne peut trouver l'objet de la désignation. Dans ce contexte, nous trouvons dans le *Sūtra du cœur*[91] des phrases telles que : «Il n'y a ni formes apparentes, ni sons, ni odeurs, ni goûts, ni objets tactiles.» L'esprit non plus ne peut être trouvé au sens absolu. Puisque, ultimement, de telles choses n'existent pas, il n'y a aucun sens à examiner si elles sont permanentes ou impermanentes. Ultimement, tous les phénomènes, y compris les cinq agrégats, etc., sont dénués d'existence véritable. Dans la notion de réalité ultime, les choses sont dépourvues de véritable existence. De la même manière, l'ainsité, qui est un attribut des phénomènes, est également dépourvue d'existence véritable. C'est un point important. Même lorsque nous comprenons que les phénomènes tels que les formes physiques et autres sont dénués d'existence réelle, il

---

91 Le *Prajñāpāramitāhṛdayasūtra*.

reste le danger de penser que la réalité ultime puisse avoir une existence réelle.

De la sorte, quand il n'appréhende pas fermement l'essence d'une chose comme existant ultimement, l'ayant examinée avec sagesse, le pratiquant entre dans une concentration unifiée et non-conceptuelle. C'est ainsi que l'absence d'identité de tous les phénomènes est réalisée.

Ce passage aborde la signification de ce qu'est réaliser l'inexistence du soi. La sagesse qui réalise l'inexistence du soi doit s'assurer de l'inexistence du soi ; il ne s'agit pas simplement de ne plus entretenir aucune sorte de méprise à propos du soi. Par exemple, l'esprit conçoit les choses telles que les formes physiques de différentes manières. Un esprit concevra la forme physique comme ayant une existence réelle, un autre le concevra comme ayant les attributs de l'existence réelle, tandis qu'un autre encore le concevra avec des attributs dénués d'existence réelle et qu'un dernier ne lui assignera aucun attribut d'existence réelle ou d'existence irréelle. Ainsi, la sagesse analytique doit d'abord discerner quel soi doit être réfuté. Une fois ce soi réfuté, son opposé, l'inexistence du soi, deviendra évident.

Ceux qui ne méditent pas avec sagesse en analysant avec précision l'essence des choses, mais se contentent de méditer sur l'élimination de l'activité mentale, ne peuvent éviter les pensées conceptuelles. Ils sont également dans l'impossibilité de réaliser l'absence d'identité car il leur manque la lumière de la sagesse. Si le feu de la conscience qui connaît les phénomènes tels qu'ils sont est produit par l'analyse individuelle de l'ainsité, alors, tel le feu produit en frottant du bois, il brûlera le bois des pensées conceptuelles. Le Bouddha a parlé dans ce sens.

Afin de comprendre la véritable nature des choses, il est vital pour un pratiquant d'utiliser son intelligence et la sagesse au cours de son examen. Comme l'auteur le dit clairement, la simple élimination des activités mentales ne constitue pas la méditation sur l'ainsité. Quand il est mentalement inactif, un individu peut bien ne pas avoir de conception erronée sur le soi, mais il manque également de discernement quant à l'inexistence du soi. La sagesse qui réalise l'inexistence du soi ne brille pas, de sorte que l'individu n'est pas libre de la fabrication de méprises. Par conséquent, nous avons besoin d'engendrer des étincelles de sagesse qui nous donnent la capacité de réaliser l'inexistence du soi.

Les *Nuages de joyaux* déclarent également : «Ceux qui sont habiles à discerner les erreurs entrent dans le yoga de la vacuité afin de se débarrasser de toutes les élaborations conceptuelles. Du fait de sa méditation répétée sur la vacuité, une telle personne, lorsqu'elle recherche scrupuleusement l'objet qui réjouit l'esprit et le distrait ainsi que l'identité de cet objet, réalise leur vacuité. Quand elle examinera à son tour cet esprit lui-même, elle comprendra qu'il est vide. Et quand elle recherche systématiquement l'identité de ce qui est compris par cet esprit, cela aussi, elle le comprend comme étant vide. C'est par une telle réalisation que l'on entre dans le yoga sans signes[92].» Voilà qui montre que seuls ceux qui ont entrepris une analyse complète peuvent aborder le yoga sans signes.

Il a donc été très clairement expliqué que par la simple élimination de l'activité mentale, sans examiner l'identité des choses à l'aide de la sagesse, il n'est pas possible de s'engager dans une méditation

---

92 *Ānimittayoga.*

non-conceptuelle[93]. Ainsi, la concentration s'applique après que l'on ait parfaitement analysé avec sagesse la véritable identité des choses telles que les formes physiques et autres, et non en se concentrant sur les formes physiques, etc. La concentration n'est pas non plus rendue effective en demeurant à cheval entre ce monde et le monde au-delà, parce qu'alors les formes physiques et autres phénomènes ne sont pas perçus. On appelle donc cela une concentration sans support.

[Ce type de pratiquant] sera appelé un méditant de la sagesse suprême, car ayant examiné avec précision l'identité de toutes choses à l'aide de la sagesse, il n'aura rien perçu. Ainsi le déclarent le *Sūtra du Trésor de l'espace*[94], le *Sūtra du Joyau de la couronne*[95], et plusieurs autres textes.

Quand on le scrute, on comprend que l'esprit qui perçoit est vide et que les objets de l'esprit sont également vides d'existence réelle. Un pratiquant doté de cette connaissance s'engage dans ce que l'on appelle le yoga sans signes. Au sens ultime, tous les phénomènes désignés, y compris les objets de la perception comme les formes physiques et l'esprit qui perçoit, sont tous vides d'identité propre. Il importe de noter qu'afin d'aborder l'absorption non-conceptuelle, il est crucial d'avoir d'abord procédé à une analyse systématique. Quand on cherche les objets de la désignation conceptuelle au

---

93 Il s'agit là d'une critique directe des thèses de Hvashang Mahāyāna, le maître chinois subitiste auquel Kamalaśīla s'opposa durant le débat de Samyé à la fin du VIIIe siècle. Par la suite, cette vue sera partagée par la plupart des maîtres tibétains des traditions kadampa, sakyapa et guélougpa. Certains maîtres nyingmapa et kagyüpa toutefois, dans le cadre du Dzogchen et du Mahāmudrā, ne condamneront pas d'une manière aussi catégorique les thèses de Hvashang, ayant une autre interprétation de ses vues subitistes. Le débat entre subitistes et gradualistes déborde largement le cadre du seul Tibet. Il a notamment été très vif en Chine et en Corée.

94 *Gaganganjasūtra.*

95 *Ratnachudasūtra.*

moyen de la sagesse, on ne trouve rien. Il faut apprécier à sa juste valeur le véritable sens de la compréhension de l'inexistence du soi. La simple absence d'activités mentales ne constitue nullement la compréhension de l'inexistence du soi. La simple absence d'une méprise du soi n'implique pas une connaissance de l'inexistence du soi. L'inexistence du soi est appréhendée par la sagesse qui découvre qu'au niveau ultime, ni l'esprit qui perçoit ni les objets perçus n'ont une identité propre. Cette connaissance se fait jour chez le pratiquant après un examen et une analyse minutieuses et complètes.

De cette manière, en pénétrant l'ainsité de l'inexistence du soi des personnes et des phénomènes, vous êtes libre des concepts et de l'analyse car il n'y a rien à examiner à fond ni à observer. Vous êtes libre de toute expression, et avec une absorption mentale unifiée, vous pénétrez automatiquement dans la méditation sans effort. Ainsi, vous méditez très clairement sur l'ainsité et reposez en son sein. Et tandis que vous demeurez dans cette méditation, la continuité de l'esprit ne devrait pas être sujette à la distraction. Lorsque l'esprit est distrait par des objets extérieurs du fait de l'attachement ou d'autres raisons, on devrait s'en rendre compte et apaiser rapidement cette distraction en méditant sur l'aspect repoussant de ces objets, puis ramener promptement l'esprit sur l'ainsité.

Si l'esprit se révélait peu enclin à faire cela, réfléchissez sur les avantages d'une concentration unifiante et goûtez le délice de méditer. On pourra aussi pacifier le manque d'inclination en contemplant les défauts de la distraction.

Si les fonctions de l'esprit s'obscurcissent, s'il commence à s'enliser ou s'il se présente le risque de sombrer parce que l'on est accablé par la torpeur ou le

sommeil, alors il faudra comme auparavant s'efforcer rapidement de vaincre une telle lourdeur en concentrant l'esprit sur des sujets souverainement réjouissants. Puis on devrait se concentrer très strictement sur l'ainsité de l'objet. De temps en temps, lorsque l'on observe que l'esprit est agité ou tenté de se distraire en se rappelant les bons moments d'autrefois passés à rire et à jouer, alors, comme dans les cas précédents, apaisez la distraction en réfléchissant à des sujets tels que l'impermanence, qui vous aideront à dompter l'esprit. Faites ensuite un nouvel effort pour placer l'esprit sur l'ainsité sans plus appliquer de contrecarrants.

Ces lignes expliquent la méthode de méditation sur la vision supérieure en relation avec la réalité ultime. L'esprit qui se concentre sur le seul point de l'ainsité ne voit rien d'autre que la vacuité après l'évacuation de l'objet à réfuter. Excepté la vacuité, rien n'apparaît à cet esprit. L'esprit qui est absorbé dans l'inexistence du soi écarte les fondements de toutes les conceptions erronées. Il est par conséquent considéré comme étant libre de concepts et d'analyse, c'est-à-dire comme un esprit centré en un seul point, au-delà de toute expression. Quand cet esprit centré en un seul point médite sur l'ainsité, on le dit «absorbé dans l'ainsité» et «pénétrant l'ainsité». Quand on a acquis la clarté grâce à une pratique prolongée, on pourra continuer de méditer sans distraction. Mais le seul fait de voir l'inexistence du soi ne suffit pas, vous devriez également vous efforcer de maintenir l'élan de votre compréhension. La méditation sur la vision supérieure se développe par la force de la sagesse analytique et c'est grâce au pouvoir de cette analyse que la félicité mentale et physique vont se développer.

Comme nous l'avons déjà dit dans le contexte de la méditation du calme mental, le pratiquant devrait être conscient des forces dérangeantes telles que l'agitation et la lourdeur mentales. Au cours du processus de la méditation analytique, lorsque vous perdez la clarté de l'objet, l'esprit se laisse distraire par d'autres objets.

Quand l'acuité ou l'intensité s'émoussent, c'est que la torpeur est apparue. Lorsque ces empêchements bloquent votre méditation, vous devriez appliquer les antidotes nécessaires. C'est pour cela que Kamalaśīla déclare sans ambages que lorsque l'esprit est distrait par des objets extérieurs à cause du désir, vous devriez méditer sur les aspects repoussants de l'objet et sur l'impermanence. Lorsque, sous l'influence de la torpeur et du sommeil, l'esprit du pratiquant manque de clarté, ce dernier devrait méditer sur des objets souverainement plaisants tels qu'une représentation du Bouddha. En appliquant de tels antidotes, les forces dérangeantes seront apaisées et votre méditation gagnera en qualité.

Si, libre de tout affaissement et de toute agitation mentale, l'esprit pénètre spontanément dans la méditation sur l'ainsité, vous devriez le laisser dans son état naturel et relâcher vos efforts. Si on applique un effort alors que l'esprit se trouve dans un état d'équilibre méditatif, cela distraira l'esprit. Mais si l'effort n'est pas appliqué lorsque l'esprit devient lourd, ce dernier deviendra tel un aveugle à cause d'une extrême inertie et vous n'atteindrez pas la vision supérieure. Ainsi, lorsque l'esprit devient lourd, faites un effort, et lorsqu'il est absorbé [en méditation], relâchez tout effort. Si, tout en méditant sur la vision supérieure, on engendre une sagesse excessive et que le calme vient à faiblir, l'esprit va vaciller comme une lampe à beurre dans le vent et cela vous empêchera de percevoir l'ainsité très clairement. À ce moment, vous méditerez donc sur le calme mental. Et lorsque la méditation du calme mental deviendra excessive, méditez sur la sagesse.

Ici, l'auteur explique en termes clairs et précis que lorsque le pratiquant peut poser l'esprit centré en un seul point sur l'ainsité et qu'il est libre de toute torpeur et de toute agitation mentale, il devrait simplement continuer la méditation. Après avoir effectué l'analyse au moyen de la sagesse qui comprend l'ainsité, si vous pouvez maintenir votre esprit calmement sur l'ainsité, la méditation pourra suivre son cours naturel. Lorsque la méditation est libre d'agitation et de torpeur mentale, l'application d'antidotes sera tout simplement hors de propos et inefficace.

Jusqu'à ce que vous accomplissiez la vision supérieure de l'ainsité, il est vital de maintenir un équilibre entre la méditation analytique et la méditation de concentration. Grâce à la méditation analytique, vous allez obtenir une compréhension de l'inexistence du soi. Une concentration unifiante devrait venir compléter la force de cette connaissance. Trop d'analyse nuit à la concentration, et une concentration excessive éloigne de la sagesse analytique. Ainsi, la pratique est un mélange harmonieux des deux types de méditation. Peu à peu, vous accéderez à l'union de la vision supérieure et de la méditation du calme mental.

Chapitre X

UNIR MÉTHODE ET SAGESSE

Lorsque vous pratiquez les deux [méditations] de manière équilibrée, maintenez-les sans effort, aussi longtemps qu'aucun inconfort physique ou mental ne se manifestera. S'il advient qu'une gêne physique ou mentale apparaisse, considérez l'ensemble du monde comme une illusion, un mirage, un rêve, un reflet de la lune dans l'eau ou une apparition. Songez alors : «Si ces êtres souffrent tant dans le cycle des existences, c'est parce qu'ils ne comprennent pas cette profonde sagesse.» Puis développez une grande compassion et l'esprit d'Éveil de la bodhicitta, en pensant : «Je vais m'efforcer sans relâche de les aider à comprendre l'ainsité.» Prenez alors un peu de repos. Puis, à nouveau, de la même manière, entrez dans une concentration unifiante sur la non-apparence de tous les phénomènes. Si l'esprit est découragé, prenez donc à nouveau du repos. Telle est la voie pour aborder l'union de la méditation du calme mental et de la vision supérieure, où l'on se concentre sur l'image tantôt conceptuellement, tantôt sans concepts.

Ici, le texte explique comment accomplir la vision supérieure après avoir maîtrisé le calme mental. À partir de ce moment, vous pouvez entrer dans la pratique de l'union de la vision supérieure et de la méditation du calme mental. En d'autres termes, vous pénétrez dans la pratique jumelée de la méditation en un seul point et de la méditation analytique. Tandis que vous pratiquez ces méditations, il est sage de ne pas trop s'enthousiasmer. Vous devriez prendre soin de votre santé mentale et physique. La session de méditation ne devrait pas être trop longue. Avant de vous asseoir pour méditer, vous devriez rassembler tout ce dont vous avez besoin pour protéger votre corps de la chaleur et du froid excessifs. Quand vous êtes fatigué par de longues sessions de méditation, vous devriez vous reposer de la méditation en un seul point et songer que tous les phénomènes sont comme des illusions ou des mirages. Vous pouvez aussi penser à la compassion pour tous les êtres plongés dans la confusion au sein du cycle des existences. En faisant appel à de saines pensées, encouragez-vous à aider les êtres vivants afin qu'ils réalisent la nature de la réalité.

Prenez à nouveau du repos, puis reprenez la pratique de concentration sur la non-apparence de tous les phénomènes, c'est-à-dire la méditation sur l'inexistence du soi. Ceci parce que lorsque vous méditez concentré en un seul point sur l'inexistence du soi, les phénomènes conventionnels cessent d'apparaître à votre esprit. Si votre esprit devient las à cause d'une telle méditation, vous devriez à nouveau prendre du repos. Puis, une fois de plus, reprenez le cours de votre méditation qui unit vision supérieure et calme mental, ce que l'on appelle également se concentrer sur la réflexion à la fois de façon conceptuelle et non-conceptuelle.

Ainsi, au cours de sa progression, le yogi devrait méditer sur l'ainsité pendant une heure ou une demi-session durant la nuit, ou une session entière, ou encore aussi longtemps qu'il le peut sans inconfort. C'est la stabilisation méditative qui discerne complètement l'ultime, telle que l'enseigne le *Sūtra de la descente à Laṅka*[96]. Ensuite, si vous souhaitez quitter la concentration, alors que vos jambes sont encore croisées songez comme suit : «Bien qu'ultimement, tous ces phénomènes soient dénués d'identité, ils existent cependant définitivement au niveau

---

96 le *Laṅkāvatārasūtra.*

conventionnel. Si tel n'était pas le cas, comment les relations entre causes et effets prévaudraient-elles ? Le Bouddha a également dit :

> **Les choses sont produites conventionnellement,**
> **Mais ultimement, elles sont dénuées d'identité propre.**

Les êtres, dans une attitude infantile, exagèrent l'importance des phénomènes en pensant qu'ils ont une identité propre alors qu'ils n'en ont point. Le fait d'attribuer une existence intrinsèque à toutes ces choses qui en sont dépourvues trouble leur esprit et ils errent ainsi depuis fort longtemps dans le cycle des existences. Pour ces raisons, je vais m'efforcer sans faillir d'obtenir l'état omniscient en parachevant les accomplissements insurpassables de mérite et de sagesse afin de les aider à réaliser l'ainsité.»

Puis, lentement, décroisez les jambes, et faites des prosternations aux bouddha et aux bodhisattva des dix directions. Faites-leur des offrandes et chantez-leur des louanges. Et faites de vastes prières en récitant la *Prière de la Noble Conduite*, etc. Ensuite, par des efforts conscients, menez à bien les accumulations de mérite et de sagesse en pratiquant la générosité, etc., lesquelles [perfections] s'appuient sur l'essence de la vacuité et la grande compassion.

Une fois que vous avez émergé de l'absorption méditative, faites les prières de dédicace appropriées. Le pratiquant devrait tout autant insister sur la générosité et d'autres pratiques durant la période qui suit la méditation. Pendant ce temps, on devrait comprendre l'interaction entre la production interdépendante et la vacuité. La vacuité, dans ce contexte, signifie que les choses sont dénuées d'identité propre. Elle ne veut pas dire non-existence. Par conséquent, elle n'est pas la cause d'une chute dans le nihilisme.

Celui qui apprécie correctement la vue de la Voie médiane de la philosophie mādhyamika élimine les deux extrêmes. Du coup, lorsque vous comprenez la philosophie de la vacuité, il n'y a aucune contradiction avec la présentation de la loi des causes et des effets au niveau conventionnel. Bien au contraire, vous gagnez une plus grande certitude quant aux œuvres de la loi des causes et des effets lorsque votre connaissance de la vacuité s'approfondit. La vacuité ne signifie pas le néant ; elle signifie que les choses sont vides d'existence intrinsèque. Ainsi, au cours de la période post-méditative, le pratiquant devrait accumuler des mérites, ce qui sera un complément à la pratique de la vue effectuée durant la méditation.

Si vous agissez ainsi, la stabilisation de votre méditation débouchera sur cette vacuité qui présente la meilleure de toutes les qualités. Le *Sūtra du Joyau de la couronne* déclare : «Revêtu de l'armure de l'amour bienveillant tout en demeurant dans la grande compassion, pratiquez la stabilisation méditative qui révèle la vacuité dotée de la meilleure de toutes les qualités. Qu'est-ce donc que cette vacuité dotée de la meilleure de toutes les qualités ? Il s'agit de la vacuité qui n'est point séparée de la générosité, de l'éthique, de la patience, de l'effort, de la stabilisation méditative, de la sagesse, ou encore des moyens habiles.» Les bodhisattva doivent prendre appui sur des pratiques vertueuses telles que la générosité en guise de moyens qui permettent de faire mûrir complètement tous les êtres, et afin de parachever le lieu, le corps et une suite nombreuse[97].

---

97 Le lieu est une Terre pure ou champ pur de bouddha (sk. *buddhakṣetra*, tib. *zhing-khams*) manifestée en résultat des œuvres méritoires du bodhisattva dans le monde qui constitue son champ de conversion. Le corps fait référence aux Corps formels qui permettent de guider les êtres, et la suite est celle des disciples devenus de grands bodhisattva.

La suprême vacuité n'est autre que la sagesse qui réalise directement la vacuité et qui est soutenue par la pratique des aspects de la méthode. Notez que la pratique de la générosité est essentielle, ainsi que celle des autres perfections. Il en est ainsi car l'état de plein Éveil de la bouddhéité est produit par la concrétisation de causes et de conditions favorables. Il n'y a pas de production sans causes et rien ne peut être produit par des causes contraires. Un bodhisattva a de nombreux et merveilleux avantages à augmenter le bien-être des êtres vivants ; chacune des vertus accomplie par cet être noble est très puissante et très efficace. Par conséquent, les bodhisattva s'engagent sans compter dans la pratique des aspects de la méthode de la voie, notamment dans les six perfections, afin d'atteindre promptement l'état de la bouddhéité.

S'il n'en était pas ainsi, quelles seraient donc les causes de ces champs tels que les champs de bouddha dont le Bouddha a parlé ? La sagesse omnisciente dotée de la meilleure de toutes les qualités peut être accomplie au moyen de la générosité et des autres moyens habiles. En conséquence, le Bouddha a dit que l'omnisciente sagesse est parachevée par les moyens habiles. C'est pourquoi les bodhisattva devraient aussi cultiver la générosité et les autres moyens habiles et pas seulement la vacuité.

Le *Sūtra de la vaste collection de toutes les qualités*[98] déclare également : «Ô Maitreya, les bodhisattva accomplissent complètement les six perfections afin d'atteindre le fruit ultime de la bouddhéité. Mais à cela, les sots répondent : les bodhisattva devraient seulement s'entraîner à la perfection de sagesse — à quoi bon le reste des perfections ? Ils renient ainsi les autres perfections. Maitreya, que penses-tu de cela ? Lorsque le roi de

98 Le *Sarvadharmasaṃgrahavaipulyasūtra*.

Kashi offrit sa chair au faucon pour le salut d'un pigeon, était-ce un manquement à la sagesse ? — Il n'en est pas ainsi, répondit Maitreya. Le Bouddha poursuivit : — Maitreya, les bodhisattva accumulent les causes de mérites grâce à leurs actions conjointes aux six perfections. Ces sources de mérites sont-elles nuisibles ? — Ô Bouddha, il n'en est pas ainsi, dit encore Maitreya. Le Bouddha poursuivit : — Maitreya, tu as également pratiqué correctement la perfection de la générosité pendant soixante kalpas, la perfection de l'éthique durant soixante kalpas, la perfection de la patience durant soixante kalpas, la perfection de l'effort enthousiaste durant soixante kalpas, la perfection de la stabilisation méditative durant soixante kalpas, et la perfection de sagesse durant soixante kalpas. À cela, les sots répondent : il existe une seule et unique manière d'atteindre la bouddhéité, et cette manière est celle de la vacuité. Leur pratique est complètement erronée.»

Voilà qui exprime clairement l'importance de développer une combinaison de la méthode et de la sagesse. Après avoir développé une compréhension correcte de la vacuité, vous devriez méditer pour en obtenir une vision pénétrante. On devrait insister de même sur la mise en pratique de l'aspect de la méthode, lequel comprend les six perfections. L'objectif final d'un bodhisattva est l'atteinte de l'Éveil le plus élevé, qui transcende à la fois les épreuves du cycle des existences et la paix complaisante du nirvāṇa. À cette fin, leur pratique se doit d'unir la méthode et la sagesse.

Un bodhisattva doté de la sagesse mais dépourvu des moyens habiles serait tel un Auditeur incapable de s'impliquer dans les œuvres des bouddha. Mais il pourra le faire s'il a le soutien des moyens habiles. Comme il est dit dans *L'Amas de Joyaux* : «Kāśyapa, il en est comme des rois qui sont soutenus par leurs ministres et peuvent ainsi accomplir tous leurs

desseins. De manière similaire, [lorsque] la sagesse d'un bodhisattva a l'entier soutien des moyens habiles, un tel bodhisattva peut aussi accomplir toutes les activités d'un bouddha.» La vue philosophique de la voie des bodhisattva est une chose, et les voies philosophiques des non-bouddhistes et des Auditeurs en sont une autre. Par exemple, du fait que la vue philosophique des non-bouddhistes persiste notamment à admettre un soi [réellement existant], une telle voie est complètement et pour toujours éloignée de la sagesse. C'est pourquoi ils ne peuvent atteindre la libération.

Les Auditeurs sont privés de la grande compassion et dépourvus de moyens habiles. En conséquence, ils s'efforcent uniquement de gagner le nirvāṇa. Dans leur voie, les bodhisattva enchâssent sagesse et moyens habiles, de sorte qu'ils s'efforcent d'achever le nirvāṇa non-statique[99]. La voie des bodhisattva consiste en sagesse et en moyens habiles et c'est pourquoi ils atteignent le nirvāṇa non-statique. Grâce au pouvoir de la sagesse, ils ne chutent pas dans le cycle des existences ; grâce au pouvoir des moyens habiles, ils ne chutent pas dans le nirvāṇa.

Le *Sūtra de la Colline de Gaya*[100] déclare : «En bref, la voie des bodhisattva est double. Elle comprend les moyens habiles et la sagesse.» Et le *Premier parmi les suprêmes et glorieux*[101] dit aussi : «La perfection de sagesse est la mère, et l'expertise en moyens habiles le père.»

---

99 voir note 21

100 le *Gayāśīrsasūtra.*

101 le *Śrīparamadhya*

L'enseignement de Vimalakīrti[102] **nous dit également :«Qu'est-ce qui est esclavage pour les bodhisattva et qu'est-ce qui est libération ? Le maintien d'une vie dénuée de moyens habiles dans le cycle des existences est un esclavage pour les bodhisattva. Mais mener une vie pourvue des moyens habiles dans le cycle des existences est libération. Maintenir une vie dépourvue de sagesse dans le cycle des existences est un esclavage pour les bodhisattva. Mais mener une vie dotée de sagesse dans le cycle des existences est libération. La sagesse qui n'est pas liée aux moyens habiles est un esclavage, mais la sagesse conjointe aux moyens habiles est libération. Les moyens habiles séparés de la sagesse sont un esclavage, les moyens habiles conjoints à la sagesse sont libération.»**

Qu'un bodhisattva ne cultive que la seule sagesse, et il chutera dans le nirvāṇa désiré par les Auditeurs. C'est donc semblable à un esclavage. Et il ne pourra être libéré au sein du nirvāna non-statique. Ainsi, la sagesse séparée des moyens habiles est un esclavage pour les bodhisattva. En conséquence, tout comme une personne fouettée par le vent recherche le réconfort auprès du feu, un bodhisattva cultive la sagesse de la vacuité aux côtés des moyens habiles afin de dissiper le vent des vues fausses. [Mais il] ne [s'efforce pas] de la manifester comme le font les Auditeurs. Le *Sūtra des dix qualités*[103] déclare : «Ô fils de noble famille, il en est comme d'une personne qui s'est complètement dévouée au feu, qui le respecte et le considère comme son guru. Il ne se dit pas : parce que je le respecte, l'honore et le vénère,

---

102 Le *Vimalakīrtinirdeśasūtra*

103 le *Daśadharmakasūtra*

je devrais tenir le feu entre mes mains. Cela parce qu'il réalise que faire ainsi lui causerait une grande douleur physique et un grand malaise intérieur. De même, un bodhisattva est également conscient du nirvāṇa, mais il n'essaie pas pour autant de l'actualiser. Cela parce qu'il réalise que faire ainsi le détournerait de l'Éveil.»

S'il s'appuie seulement sur les moyens habiles, le bodhisattva ne transcendera pas le niveau ordinaire et par conséquent, il en résultera un esclavage. Voilà pourquoi il cultive les moyens habiles aux côtés de la sagesse. Par le pouvoir de la sagesse, les bodhisattva peuvent même transformer les émotions perturbatrices en nectar, comme une formule mantrique le peut d'un poison. Il n'est pas nécessaire d'exprimer [le caractère bénéfique] de la générosité et des autres vertus qui mènent naturellement aux états les plus élevés de l'existence.

Les bodhisattva sont habiles et dotés de sagesse. Du fait de ces qualités spéciales, il existe des activités qui, si elles étaient accomplies par les Auditeurs et les Réalisés solitaires, pourraient être considérées comme malsaines, mais qui lorsque ce sont des bodhisattva qui les accomplissent, pourraient bien être d'une grande aide pour améliorer la condition des autres êtres. Afin d'œuvrer au bien des êtres, ils n'ont pas à s'en tenir strictement aux règles qui régissent les actions du corps et de la parole.

L'Amas de Joyaux **déclare : «Kāśyapa, il en est ainsi : à cause du pouvoir du Tantra et de la médecine, le poison peut ne pas causer la mort. De même, puisque les émotions perturbatrices des bodhisattva sont sous le contrôle de la sagesse, elles ne peuvent provoquer leur chute. Par conséquent, grâce au pouvoir des moyens habiles, les bodhisattva n'abandonnent pas le cycle des existence ; ils ne**

chutent pas dans le nirvāṇa. Grâce au pouvoir de la sagesse, ils éliminent tous les objets conçus à tort comme réellement existants, et par conséquent, ils ne chutent pas dans le cycle des existences. Ainsi, ils atteignent le nirvāṇa non-statique de la seule bouddhéité.» Le *Sūtra du Trésor de l'espace* dit également : «À cause de la connaissance de la sagesse, les bodhisattva éliminent toutes les émotions perturbatrices, et du fait de leur connaissance des moyens habiles, ils n'abandonnent pas les êtres.» Le *Sūtra qui révèle la Pensée* dit aussi : «Je n'ai pas enseigné que celui qui n'est pas concerné par le bien des êtres et qui n'a pas de penchant pour réaliser la nature de tous les phénomènes composés atteindra la bouddhéité insurpassable et parfaitement accomplie.» En conséquence, ceux qui ont pour objectif la bouddhéité doivent cultiver à la fois la sagesse et les moyens habiles.

Les bodhisattva sont dotés de la grande sagesse. Aussi leurs émotions perturbatrices deviennent-elles inefficaces et ne sont plus la cause de leur propulsion vers des destinées indésirables. Puisque ces nobles êtres luttent pour développer les moyens habiles et la sagesse à égalité, ils ne sont plus emportés par le cycle des existences et ne chutent pas dans l'état d'autosatisfaction du nirvāṇa. Ils ont en permanence le souci du bien-être d'autrui et en même temps, ils visent le but d'accomplir l'Éveil le plus haut.

Tandis que vous méditez sur la sagesse transcendante, ou lorsque vous êtes dans un profond recueillement méditatif, vous ne pouvez pas appliquer les moyens habiles tels que la pratique de la générosité. Mais les moyens habiles peuvent être cultivés en même temps que la sagesse durant les périodes préparatoires et post-méditatives. C'est la manière

d'entrer simultanément dans la sagesse et les moyens habiles.

La sagesse qui est un aperçu direct de la vacuité est complètement libre de toute dualité, et l'esprit est complètement absorbé dans la vacuité comme de l'eau versée dans de l'eau. Bien évidemment, il n'est pas possible de poursuivre la pratique des moyens habiles durant une telle période. Néanmoins, l'importance de pratiquer à l'unisson l'aspect de la sagesse et l'aspect des moyens habiles devrait être comprise dans une perspective correcte. Au cours des sessions précédant et suivant la méditation, un individu peut pratiquer la compassion, l'altruisme, la générosité et toutes sortes d'autres pratiques qui augmentent le pouvoir de la sagesse.

De plus, c'est la voie par laquelle les bodhisattva entrent dans une pratique intégrée de la sagesse et des moyens habiles. Il s'agit de cultiver la voie transcendante qui est complètement imprégnée d'une grande compassion dirigée vers l'ensemble des êtres. Et tandis que vous mettez en œuvre les moyens habiles après être sorti du recueillement méditatif, vous pratiquez la générosité et les autres méthodes sans aucune méprise, tel un magicien. Il est dit dans le *Sūtra de l'enseignement à Akṣayamati*[104] : «Quels sont les moyens habiles d'un bodhisattva et quelle sorte de sagesse manifeste-t-il ? Les moyens habiles du bodhisattva consistent à penser et à concentrer précisément l'esprit sur les êtres avec grande compassion au cours du recueillement méditatif. Et l'entrée dans l'équilibre méditatif qui se fait en paix, dans une paix extrême, est la sagesse.» Les références de cette sorte sont fort nombreuses. *Le Chapitre sur le contrôle des forces malveillantes*[105]

---

104 l'*Akṣayamatinirdeśasūtra*

105 le *Māradmanparichedasūtra*

déclare également : «En outre, les activités parfaites des bodhisattva consistent en des efforts conscients de l'esprit de sagesse, et en la réunion de tous les dharma méritoires par l'esprit des moyens habiles. L'esprit de sagesse mène également à l'inexistence du soi, l'absence d'existence en soi des êtres, de la vie, de son support et de la personne. Et l'esprit des moyens habiles mène tous les êtres vers la complète maturité.» Quant au *Sūtra de la réunion complète de toutes les qualités*, il déclare :

Tout comme un magicien s'efforce
De laisser sa création prendre son autonomie,
Sachant par avance quelle est la nature de sa création,
Il ne manifeste aucun attachement à son égard.
De même, les trois domaines sont comme une illusion,
Ce que Bouddha le sage savait
Depuis fort longtemps avant de connaître les êtres de ces mondes
Et d'entreprendre de les aider.

C'est à cause de la pratique de la sagesse et des moyens habiles des bodhisattva que l'on dit : dans leurs activités, ils demeurent dans le cycle des existences, mais par la pensée, ils séjournent dans le nirvāṇa.

Par exemple, un magicien crée la projection d'une personne en prison. Puis il essaie de libérer cette personne de prison. Puisqu'il sait que sa projection n'est qu'une illusion, il ne ressent aucun attachement ni quoi que ce soit d'autre à son égard. De la même manière, les bouddha voient tous les êtres des trois domaines comme des illusions. Ils ne s'attachent pas aux choses comme si elles avaient une existence intrinsèque, et sont dotés de la sagesse qui comprend que les choses sont vides comme une illusion. En même temps, ils s'engagent à assurer le bien-être de tous.

De la sorte, habituez-vous à la générosité et aux autres moyens habiles dédiés à l'Éveil insurpassable et parfaitement accompli, tout en préservant l'essence de la vacuité et de la grande compassion. Afin d'engendrer l'esprit d'Éveil ultime de la bodhicitta comme on l'a fait plus tôt, pratiquez la méditation du calme mental et la vision supérieure autant que cela vous est possible en sessions régulières. Comme on l'enseigne dans le *Sūtra du Champ pur de l'Engagement*[106], familiarisez-vous constamment avec les moyens habiles en concentrant votre attention sur les excellentes qualités des bodhisattva qui œuvrent au bien des êtres à tout moment.

De cette façon, les familiers de la compassion, des moyens habiles et de l'esprit d'Éveil de la bodhicitta excelleront sans aucun doute dans cette vie. Ils contempleront sans cesse dans leurs rêves des bouddha et des bodhisattva et toutes sortes d'autres sujets agréables leur apparaîtront. Les dieux reconnaissants les protégeront et ils accumuleront à chaque instant d'immenses quantités de mérites et de réalisations. Les émotions perturbatrices et toutes sortes de mauvais états d'existence seront purifiés. Vous jouirez de beaucoup de bonheur et de la paix de l'esprit à tout moment et un grand nombre d'êtres vous chériront. Physiquement, vous serez également affranchi des maladies. Vous atteindrez une suprême dextérité spirituelle, ce qui vous permettra de parachever des qualités spéciales telles que la clairvoyance.

---

[106] le *Gocharpariśuddhisūtra*

Quand vous entrez dans la pratique des enseignements, essayez d'acquérir une certaine compréhension intellectuelle de la vue de la vacuité. Comme nous en avons déjà discuté, les choses sont dénuées d'existence réelle — elles n'ont pas une essence isolée, de par leur seul fait. Quand nous récitons des prières ou lorsque nous faisons des prosternations, nous devons développer un certain sentiment de la nature illusoire des choses. La dédicace elle-même devrait être faite dans le cadre de la philosophie de l'absence d'être en soi. Il est également pertinent de comprendre et de se rappeler la signification de la vacuité dans les pratiques tantriques. La pratique de toutes sortes d'activités vertueuses en liaison avec la connaissance de la vacuité nous aide considérablement à gravir le chemin spirituel. En même temps, les émotions perturbatrices et tous les autres défauts vont diminuer et être graduellement éliminés, tandis que la compassion, l'altruisme, les moyens habiles et les autres vertus gagneront en force.

Alors, grâce à des pouvoirs miraculeux, vous voyagerez en d'innombrables mondes, faisant des offrandes aux bouddha et écoutant leurs enseignements. Au moment de mourir, vous verrez également, c'est certain, les bouddha et les bodhisattva. Dans vos vies futures, vous renaîtrez en des familles et des lieux exceptionnels où vous ne serez jamais privé de la compagnie des bouddha et des bodhisattva. C'est ainsi que vous accomplirez sans aucun effort toutes les accumulations de mérites et de sagesse. Vous jouirez d'une grande prospérité, d'un grand entourage et de nombreux assistants. Doué d'une intelligence aiguë, vous aurez la capacité de faire mûrir l'esprit de nombreux êtres. Dans toutes ses vies, une telle personne pourra se souvenir de ses vies passées. Essayez de comprendre ces avantages incommensurables que d'autres sūtra décrivent également.

De cette manière, si vous méditez longuement et avec ravissement sur la compassion, les moyens

habiles et l'esprit d'Éveil de la bodhicitta, le courant de votre esprit finira par être complètement purifié et parviendra à maturité. Alors, de même que l'on produit du feu en frottant deux bouts de bois l'un contre l'autre, vous parachèverez votre méditation sur la réalité parfaite. Vous obtiendrez de la sorte une connaissance extrêmement claire de la sphère des phénomènes, libre de toute élaboration conceptuelle, la sagesse transcendante délivrée des rets de la pensée conceptuelle. Cette sagesse de la bodhicitta ultime est immaculée, à l'image d'une lampe à beurre immuable qui ne vacille plus au vent. Un tel esprit ancré dans la bodhicitta ultime s'intègre dans la voie de la vision où l'on appréhende la nature dépourvue d'être en soi de tous les phénomènes. Grâce à cet accomplissement, vous ferez votre entrée sur la voie axée sur la réalité des choses et vous naîtrez alors dans la famille des Tathāgata. Vous pénétrerez dans l'état immaculé d'un bodhisattva, vous détournant de toutes les naissances errantes, et vous installant dans l'ainsité des bodhisattva, vous atteindrez la première terre des bodhisattva[107]. Vous trouverez plus de détails sur ces avantages en d'autres textes tels que *Les dix terres spirituelles*[108]. C'est ainsi que le *Sūtra de la descente à Laṅka* enseigne comment stabiliser la méditation en se concentrant sur l'ainsité et c'est ainsi que les bodhisattva pénètrent dans la méditation non-conceptuelle, libre de toute élaboration.

Quand nous voyons quelqu'un souffrir, nous ressentons de la compassion. Nous devons réaliser qu'il est très important

---

107 la première des dix terres (sk. *bhūmi*, tib. *sa*), "Joyeuse", que l'on atteint quand on acquiert la connaissance directe et définitive de la vacuité sur la voie de la vision (sk. *darśanamarga*, tib. *mthong-lam*).

108 le *Daśabhūmikasūtra*

d'entretenir une telle attitude et de la renforcer à l'aide d'autres moyens habiles. Nous avons aussi notre intelligence humaine, laquelle est capable de discerner ce qui est juste et ce qui est erroné. Cela aussi, on devrait le cultiver et l'orienter vers le discernement de la réalité ultime. Afin d'atteindre ces buts, il est essentiel d'accomplir des actions méritoires et des pratiques de purification. Fondamentalement, il est vital de cultiver la faculté de la sagesse discernante. À l'aide d'une telle sagesse, examinez la réalité encore et encore et développez une appréciation intellectuelle du sens de l'ainsité. Ceci, à son tour, vous aidera à engendrer le profond sentiment qu'il s'agit de la réalité. Cette approche analytique devrait être soutenue par la concentration méditative. La pratique de la compassion et la connaissance de la vacuité mèneront l'individu à la certitude que les impuretés de l'esprit peuvent être dissipées et que l'état de l'omniscience peut être parachevé.

Après une longue pratique des enseignements, en utilisant la compassion comme fondement aux côtés de la sagesse, on souhaitera fortement atteindre l'état de la bouddhéité. Lorsqu'un tel souhait pour le bien de tous les êtres est sincère et vient du fond du cœur, vous devenez un bodhisattva. Vous atteignez alors la voie de l'accumulation[109] dans le Mahāyāna. Parmi les trois niveaux de cette voie [petit, moyen et grand], c'est le petit niveau qui est atteint. On l'appelle l'esprit d'Éveil semblable à la terre. L'esprit d'Éveil comporte vingt et un types. Le pratiquant, grâce à la compassion, enrichit l'esprit d'Éveil et renforce également sa connaissance de la vacuité. La méditation du calme mental est pratiquée en liaison avec la vacuité et lorsque la sagesse issue de

---

109 La voie de l'accumulation (sk. *saṃbhāramārga*, tib. *tshogs-lam*), la première des cinq voies de progression vers l'Éveil, marquée dans le Mahāyāna par la prise de vœu du bodhisattva (sk. praṇidhāna) et l'engagement sur la voie du bodhisattva.

cette méditation se développe, l'individu atteint la voie de la préparation[110].

On doit alors continuer la méditation, la complète coordination entre les aspects de la méthode et de la sagesse étant alors d'une importance cruciale. Grâce à ces pratiques, le méditant devient pleinement absorbé dans l'ainsité, comme de l'eau versée dans de l'eau, libre de toute trace de dualité. Au premier instant où le pratiquant gagne la vision directe de la vacuité, il atteint la voie de la vision[111]. Comme ces réalisations sont acquises en conjonction avec l'esprit d'Éveil, il est bien évident que nous parlons du sentier du Mahāyāna. Le méditant atteint la première des dix terres des bodhisattva, appelée «Joyeuse». Cette voie comprend deux parties, l'ininterrompue et la libérée. Durant la première partie de la voie, les empêchements à cette réalisation sont contrés et lorsque ces obstacles ont été vaincus, la voie de la libération est atteinte.

Grâce à une méditation nourrie, le pratiquant élimine les obstacles et gagne la voie de la méditation[112]. Au cours du moment ultime de la concentration dite «voie de la méditation semblable au vajra[113]», les plus subtils des obscurcissements sont éliminés à la racine. C'est ainsi que l'individu développe la sagesse transcendante omnisciente et devient un bouddha.

De cette manière, une personne qui est parvenue à la première terre se familiarise ensuite, au cours de la voie de la méditation, avec les deux sagesses de

---

110 La voie de la préparation ou de l'application (sk. *prayogamārga*, tib. *sbyor-lam*), la seconde des cinq voies, où le pratiquant renforce sa pratique de méditation et s'apprête à réaliser directement la vacuité.

111 La voie de la vision (sk. *darśanamārga*, tib. *mthong-lam*), la troisième des cinq voies, où le pratiquant du Mahāyāna devient un āryabodhisattva et franchit le seuil de la première des dix terres des bodhisattvas.

112 La voie de la méditation (sk. *bhāvanāmārga*, tib. *sgom-lam*), la quatrième des cinq voies, pendant laquelle l'āryabodhisattva parcourt les niveaux de la seconde à la dixième terre.

113 le vajropamasamādhi ou recueillement semblable au diamant (tib. rdo-rje lta-bu ting-nge-'dzin) au cours duquel le bodhisattva devient un bouddha pleinement éveillé.

l'état transcendant, la sagesse subséquente et les moyens habiles. C'est ainsi qu'il purifie peu à peu les plus subtiles accumulations d'obscurcissements qui sont l'objet à purifier lors de la voie de la méditation. Et afin de parachever les plus hautes qualités, il purifie complètement les niveaux spirituels inférieurs. Tous ses buts et tous ses objectifs sont parfaitement accomplis lorsqu'il entre dans la sagesse transcendante des Tathāgata et pénètre au sein de l'océan de l'omniscience. C'est ainsi que, grâce à une pratique graduelle, le courant de l'esprit sera complètement purifié. Le *Sūtra de la descente à Laṅka* l'explique. Le *Sūtra qui révèle la Pensée* également, lorsqu'on y lit : «De manière à parachever les niveaux les plus élevés, vous devriez purifier votre esprit comme on raffine de l'or, jusqu'à ce que vous réalisiez la bouddhéité insurpassable et parfaitement accomplie.»

En pénétrant dans l'océan de l'omniscience, vous entrez en possession des qualités infaillibles et semblables au joyau qui permettent de combler les êtres, et celles-ci sont le plein résultat de vos prières passées. L'individu devient alors la personnification de la compassion, il est doté de moyens habiles variés qui fonctionnent spontanément et œuvre sous forme d'émanations diverses dans l'intérêt de tous les êtres errants. En outre, tous les attributs merveilleux sont parachevés. Avec l'élimination complète de toutes les souillures et de leur potentiel latent, tous les bouddha se mettent au service de chaque être vivant. Réalisant cela, développez la foi dans les bouddha, la source de toutes les connaissances et de toutes les qualités merveilleuses. Chacun de nous devrait s'efforcer de manifester ces qualités.

Le Bouddha l'a dit ainsi : «La sagesse transcendante de l'omniscience est produite en vertu de la compassion, sa source de l'esprit d'Éveil de la bodhicitta, sa cause et elle est parachevée par les moyens habiles.»

Pour résumer les enseignements de ce précieux texte, nous réalisons que les deux réalités[114] doivent tout d'abord être établies, parce qu'elles constituent la base. Au cours de la pratique, il nous faut mettre en œuvre les deux sortes d'accumulations et les aspects de la méthode et de la sagesse de la voie, le tout en parfaite harmonie. En guise de résultat, deux sortes de Corps de bouddha sont parachevés[115]. Lorsqu'un individu atteint l'état de l'omniscience de la bouddhéité, toutes les émotions perturbatrices et tous les obscurcissements sont éliminés une fois pour toute. C'est ainsi que la personne accède à la pleine connaissance. À partir de ce moment, un tel être éveillé a un potentiel illimité pour venir en aide aux êtres, afin qu'ils atteignent la liberté et la délivrance.

Le sage se tient à l'écart de la jalousie et des autres souillures ;
Sa soif de connaissance est insatiable,
Pareille à l'océan.
Grâce au discernement, il ne retient que ce qui est juste,
À l'instar des cygnes qui extraient le lait de l'eau.
Ainsi les érudits devraient-ils se maintenir à l'écart
Des attitudes partiales et de la bigoterie.
Même d'un enfant,

---

114 tib. *bden-pa gnyis*, les deux réalités ou deux vérités, l'absolue et la conventionnelle.

115 Grâce à la perfection de la sagesse, le Corps absolu ou dharmakāya est parachevé pour soi-même. Résultat de l'accumulation méritoire, le Corps formel ou rūpakāya est accompli pour le bien d'autrui. Il se subdivise à son tour en Corps de jouissance ou saṃbhogakāya qui œuvre auprès des āryabodhisattva des dernières terres, et en Corps d'apparition ou nirmāṇakāya, qui œuvre au bien des êtres ordinaires plongés dans les souffrances du cycle des existences.

On peut recevoir de bonnes paroles.
Quels que soient les mérites que je puisse retirer
De l'exposition de cette Voie médiane,
Je les dédie à tous les êtres
Afin qu'ils accomplissent la Voie médiane.

Ainsi s'achève la seconde partie des *Étapes de la méditation*, composée par l'Ācarya Kamalaśīla. Elle fut traduite et mise en forme en tibétain par les soins de l'abbé indien Prajñāvarman et le moine Yéshé Dé.

Ainsi s'achèvent les enseignements de ce merveilleux texte du grand Kamalaśīla. L'auteur, de même que son maître Śāntarakṣita, avait un lien karmique spécial avec le peuple du Pays des Neiges, et leur bonté à tous deux était inestimable. Je me réjouis d'avoir pu vous donner cette transmission accompagnée d'explications de la seconde partie des *Étapes de la méditation* de Kamalaśīla. Je vous exhorte à les réécouter ou à les lire afin d'étudier ce texte. Pour développer et étendre votre compréhension de la Voie médiane, vous devriez également étudier les excellents textes sur le Mādhyamika de Buddhapālita[116] et de Candrakīrti[117], lesquels ont exposé le point de vue ultime de l'école de pensée du Mādhyamika.

---

116 Buddhapālita (Ve siècle) est considéré comme le fondateur du Mādhyamika-prāsaṅgika. Son principal ouvrage est le *Mūlamadhyamakavṛttibuddhapālita*, son commentaire des *Stances de la Voie médiane* de Nāgārjuna, qui nous a été conservé intégralement en tibétain.

117 Candrakīrti (VIIe siècle) est l'auteur de la *Prasannapāda* ou *Madhyamakavṛtti*, commentaire des *Stances de la Voie médiane* de Nāgārjuna où il défend le point de vue de Buddhapālita contre les attaques de Bhāvaviveka. Il a également composé le *Madhyamakāvatāra*, traduit en français partiellement par Louis de la Vallée-Poussin (*Introduction au Traité du Milieu*, Muséon, vol. VIII, N°3 et 4, 1907) et intégralement par Georges Driessens (*L'Entrée au Milieu*, Dharma, 1985).

LE BHĀVANĀKRAMA

Les Étapes de la Méditation

LIVRE SECOND

par Kamalaśīla

En langue de l'Inde : *Bhāvanākrama*
En langue tibétaine : *sGom-pa'i rim-pa*

Hommage à Mañjuśrī le juvénile !

Je vais brièvement expliquer les étapes de la méditation pour ceux qui suivent le système des sūtra du Mahāyāna. L'esprit éclairé qui désire accomplir très rapidement l'omniscience devrait faire l'effort délibéré de réunir les causes et les conditions nécessaires.

Il n'est pas possible de produire l'omniscience sans causes, parce que s'il en était ainsi, tout participerait de l'omniscience en permanence. Si les choses étaient produites sans s'appuyer sur d'autres, elles existeraient sans contrainte — et il n'y aurait donc aucune raison pour que les choses ne soient pas omniscientes. Par conséquent, puisque toutes les choses efficientes s'élèvent seulement occasionnellement, elles dépendent strictement de leurs causes. L'omniscience est également rare parce qu'elle ne se produit pas en tous temps et en tous lieux, et que tout ne peut pas devenir omniscient. Il en résulte que celle-ci dépend définitivement de causes et de conditions.

Et parmi ces causes et ces conditions, vous devriez cultiver les causes correctes et complètes. Si vous mettez en pratique des causes erronées, même si vous travaillez dur et fort longtemps, le but désiré ne sera pas achevé. Ce sera comme vouloir traire une corne [de vache]. De même, le résultat ne se produira pas si toutes les causes n'ont pas produit leur effet. Par exemple, que la graine ou toute autre cause manque, et le résultat, la pousse, ne sera pas produit. En conséquence, ceux qui désirent un résultat particulier se doivent de cultiver ses causes et ses conditions au complet et sans erreur.

Si vous vous demandez : «Quelles sont donc les causes et les conditions du fruit ultime de l'omniscience ?», [moi-même], qui suis semblable à un aveugle, ne suis peut-être pas capable de vous les expliquer, mais j'utiliserai les propres mots du Bouddha tels qu'il les prononça devant ses disciples après son Éveil. Il dit alors : «Vajrapāṇi, Seigneur des Mystères, la sagesse transcendante de l'omniscience plonge ses racines dans la compassion et émerge de causes : la pensée altruiste, l'esprit d'Éveil de la bodhicitta et la perfection des moyens habiles.» Par conséquent, si vous êtes intéressé par l'atteinte de l'omniscience, vous devez pratiquer ces trois choses : la compassion, l'esprit d'Éveil, ou bodhicitta, et les moyens habiles.

Émus par la compassion, les bodhisattva prennent le vœu de libérer tous les êtres.

Puis, venant à bout de leurs vues égocentriques, ils s'engagent avec ardeur et continuellement dans les très difficiles pratiques de l'accumulation de mérites et de la vue profonde.

Étant ainsi entrés dans cette pratique, ils vont à coup sûr parachever l'accumulation de mérites et de la vue profonde. On compare cet accomplissement de l'accumulation [double] de mérites et de la vue profonde au fait d'avoir l'omniscience elle-même dans la paume de la main. Par conséquent, et puisque la compassion est l'unique source de l'omniscience, vous devriez vous accoutumer à cette pratique dès le tout début.

On lit dans le *Compendium du parfait Dharma* : «Ô Bouddha, un bodhisattva ne devrait pas s'entraîner à de nombreuses pratiques. Si un bodhisattva s'en tient correctement à un seul Dharma et l'apprend à la perfection, il réunit toutes les qualités d'un bouddha dans la paume de la main. Et si vous demandez quel est ce Dharma, il s'agit de la grande compassion.»

Les bouddha ont déjà achevé leur propre but, mais demeurent dans le cycle des existences aussi longtemps qu'il y demeure des êtres. Il en est ainsi parce qu'ils sont animés d'une grande compassion. Ainsi, ils n'entrent pas dans le séjour immensément béatifique du nirvāṇa comme le font les Auditeurs. En considérant avant toute chose l'intérêt des êtres, ils abandonnent le séjour paisible du nirvāṇa comme s'il s'agissait d'un édifice de métal incandescent. Par conséquent, seule la grande compassion est la cause inévitable du nirvāṇa non-statique des bouddha.

La manière de méditer sur la compassion sera enseignée dès le départ. Commencez la pratique en méditant sur l'équanimité. Essayez d'actualiser l'impartialité à l'égard de tous les êtres en éliminant attachement et haine.

Tous les êtres désirent le bonheur et ne souhaitent pas la souffrance. Pensez profondément ainsi : «dans ce cycle d'existences sans commencement, il n'existe pas un seul être qui n'ait été mon ami ou un parent des centaines de fois. Par conséquent, puisque s'attacher à quelques êtres en haïssant les autres ne repose sur aucun fondement, je vais développer l'esprit d'équanimité à l'égard de tous les êtres». Commencez la méditation sur l'équanimité en pensant à une personne qui vous est indifférente, puis considérez les gens qui sont vos amis et enfin ceux qui sont vos ennemis.

Une fois que vous avez développé dans votre esprit l'équanimité à l'égard des êtres, méditez sur l'amour bienveillant. Humectez le continuum mental avec l'eau de l'amour bienveillant et préparez-le comme vous prépareriez un compost de bonne terre. Quand la graine de la compassion sera plantée dans un tel esprit, sa germination sera prompte, convenable et complète. Une fois le courant de votre esprit imbibé d'amour bienveillant, méditez sur la compassion.

L'esprit de compassion a pour nature le souhait que tous les êtres souffrants soient libres de la souffrance. Méditez sur la compassion pour tous les êtres, car les êtres des trois domaines de l'existence subissent la torture intense des trois types de souffrance sous des formes variées. Le Bouddha a dit que la chaleur et d'autres types de douleurs ne cessent de torturer les êtres plongés dans les enfers pour un temps très long. Il a également déclaré que les fantômes affamés sont tourmentés par la faim et la soif et éprouvent une immense souffrance physique. Nous pouvons également voir les animaux souffrir de multiples manières misérables : ils se dévorent entre eux, deviennent agressifs, sont blessés et tués. Nous pouvons aussi voir les êtres humains éprouver toutes sortes de douleurs intenses. Incapables de trouver ce qu'ils cherchent, ils sont pleins de ressentiment et se font mutuellement du mal. Ils souffrent de perdre les beaux objets de leurs désirs et sont confrontés à la laideur de ce qu'ils ne veulent pas, ainsi qu'à la douleur de la misère.

Il y a ceux dont l'esprit est entravé par les liens divers des émotions perturbatrices telles que le désir-attachement. D'autres sont plongés dans les tourments créés par différents types de vues erronées. Et comme tout cela est cause de souffrance, [les êtres humains] sont constamment plongés dans une douleur intense, comme s'ils étaient au bord d'un précipice.

Les dieux souffrent de la souffrance du changement. C'est ainsi que les signes d'une mort imminente et de leur chute en des états infortunés oppressent l'esprit des dieux du domaine du désir. Comment pourraient-ils vivre en paix ?

La souffrance omniprésente est ce qui surgit sous le pouvoir des causes caractérisées par des actes et des émotions perturbatrices. Elle a pour nature et pour caractéristique la désintégration momentanée et imprègne tous les êtres errants.

Par conséquent, considérez que les êtres errants sont comme immergés dans un brasier de souffrance. Pensez qu'ils sont tous comme vous et ne souhaitent absolument aucune souffrance : «Hélas ! Tous ces êtres bien aimés sont dans une telle affliction. Que puis-je faire pour les en libérer ?» et faites que leurs souffrances soient vôtres. Que vous soyez engagé dans une méditation unifiante ou que vous poursuiviez vos activités ordinaires, concentrez-vous sur tous les êtres et souhaitez qu'ils soient tous libres de la souffrance. Commencez par méditer sur vos amis et vos parents. Reconnaissez à quel point ils endurent les souffrances variées qui ont été exposées.

Une fois que vous avez vu que tous les êtres sont égaux, sans aucune différence entre eux, vous devriez méditer sur les êtres qui vous sont indifférents. Quand la compassion que vous ressentez à leur égard est la même que celle que vous ressentez pour vos amis et vos parents, méditez sur la compassion en l'étendant à tous les êtres qui se trouvent dans les dix directions de l'univers.

De même qu'une mère répond à l'appel de son petit enfant chéri et souffrant, quand vous développez un sens spontané et égalitaire de compassion à l'égard de tous les êtres, vous avez alors parachevé la pratique de la compassion. Et cela, on l'appelle "grande compassion".

La méditation sur l'amour bienveillant débute avec vos amis et les gens qui vous sont chers. Elle a pour nature le souhait qu'ils trouvent le bonheur. Peu à peu, étendez votre méditation jusqu'à y inclure des étrangers et même vos ennemis. En vous habituant à la compassion, vous engendrerez graduellement le souhait spontané de libérer tous les êtres. Par conséquent, après vous y être familiarisé en prenant la compassion pour base, méditez sur l'esprit d'Éveil de la bodhicitta.

La bodhicitta comporte deux volets : la conventionnelle et l'ultime. La bodhicitta conventionnelle consiste à cultiver la pensée initiale d'aspiration à l'atteinte de la bouddhéité insurpassable et parfaitement accomplie afin d'aider tous les êtres qui errent, ceci après avoir pris le vœu compatissant de les soulager tous de la souffrance. On devrait cultiver cette bodhicitta conventionnelle de la manière décrite dans le chapitre du *Bodhisattvabhūmi* sur l'éthique, c'est-à-dire engendrer cet état d'esprit en prenant le vœu de bodhisattva devant un maître qui préserve les préceptes du bodhisattva.

Après avoir engendré l'esprit d'Éveil conventionnel, efforcez-vous de cultiver l'esprit d'Éveil ultime de la bodhicitta. La bodhicitta ultime est transcendante et libre de toute élaboration. Elle est extrêmement claire, c'est l'objet de l'ultime, sans souillures, inébranlable, semblable à une lampe qui ne vacille pas au vent.

On l'accomplit par une application constante et attentive à la maîtrise du yoga de la méditation du calme mental et de la vision supérieure durant une longue période de temps. Le *Sūtra qui révèle la Pensée* déclare : «Ô Maitreya, tu dois savoir que tous les dharma vertueux des Auditeurs, des bodhisattva ou des Tathāgata, qu'ils soient mondains ou transcendants, sont le fruit de la méditation du calme mental et de la vision supérieure.» Puisque toutes sortes de concentrations peuvent être incluses dans ces deux catégories, tous les yogis doivent à tout instant rechercher la méditation du calme mental et de la vision supérieure. Et le *Sūtra qui révèle la Pensée* d'insister : «Le Bouddha a dit que l'on doit savoir que les enseignements des différents types de concentrations découverts par les Auditeurs, les bodhisattva et les tathāgata, sont tous contenus dans la méditation du calme mental et de la vision supérieure.»

Les yogis ne peuvent éliminer les obscurcissements par le simple fait de se familiariser avec la seule méditation du calme mental. Celle-ci ne peut supprimer que temporairement les émotions perturbatrices et les illusions. Sans la lumière de la sagesse, on ne peut détruire complètement le potentiel latent d'émotions perturbatrices, et par conséquent, une totale éradication ne sera pas possible. C'est pour cette raison que le *Sūtra qui révèle la Pensée* déclare : «La concentration peut supprimer efficacement les émotions perturbatrices, et la sagesse totalement détruire leur potentiel latent.»

Le *Sūtra qui révèle la Pensée* dit également :

«Même si vous méditez avec une concentration unifiée,
Vous ne détruirez pas la méprise du soi
Et vos émotions perturbatrices vous perturberont à
nouveau ;
Voilà qui ressemble à la méditation unifiée d'Udrak.
Que l'insubstantialité des phénomènes soit précisément
examinée,
Et que l'on accomplisse des méditations sur la base de
cette analyse,
Et ce sera la cause de la libération résultante ;
Aucune autre cause ne peut apporter la paix.»

Et la *Corbeille des Bodhisattva* déclare : «Ceux qui n'ont pas entendu ces enseignements variés de la Corbeille des Bodhisattva et n'ont pas ouï les enseignements pratiques sur la discipline monastique, qui pensent que la seule concentration unifiée suffit, tomberont dans le piège de l'arrogance liée à l'orgueil. En tant que tels, ils ne peuvent obtenir la complète délivrance de la naissance, de la vieillesse, de la maladie et de la mort, de l'affliction, des pleurs, de la souffrance, de la tristesse et des perturbations. Ils ne peuvent davantage gagner la complète libération du cycle des six destinées, ni de l'amoncellement des agrégats de la souffrance mentale et physique. Gardant cela à l'esprit, le Tathāgata a dit que l'écoute des enseignements vous aidera à obtenir la libération de la vieillesse et de la mort.»

Pour ces raisons, ceux qui souhaitent atteindre la sagesse transcendante absolument purifiée par l'élimination de tous les obscurcissements devraient méditer sur la sagesse tout en demeurant dans la méditation du calme mental.

Le *Sūtra de l'amas de joyaux* déclare : «La concentration unifiée est atteinte par l'adhésion à l'éthique. Avec l'accomplissement d'une concentration unifiée, vous méditez sur la sagesse. Grâce à la conscience claire parfaitement pure, votre conduite morale est parachevée.»

Le *Sūtra sur la foi dans le Mahāyāna* déclare : «Ô fils de noble famille, si tu ne demeures pas dans la sagesse, il ne m'est pas possible de dire comment tu pourras avoir foi dans le Mahāyāna des bodhisattva ni comment tu pourras t'y établir. Ô fils de noble famille, tu devrais savoir qu'il en est ainsi parce que la foi du bodhisattva dans le Mahāyāna comme l'établissement dans le Mahāyāna résultent de la contemplation du parfait Dharma et de la réalité au moyen d'un esprit sans distraction.»

L'esprit d'un yogi sera distrait par divers objets s'il se contente de cultiver la vision supérieure sans développer un état de repos paisible. Il sera instable, tel une lampe à beurre dans le vent. Puisque la clarté de la conscience claire originelle sera alors absente, ces deux méthodes [la vision supérieure et l'esprit reposant dans le calme] devraient être cultivées à égalité. C'est pourquoi le *Sūtra du grand Au-delà de la souffrance* déclare : «Les Auditeurs sont incapables de voir la nature de bouddha parce que leur absorption unifiée est trop forte et leur sagesse trop faible. Les bodhisattva peuvent la voir, mais pas clairement, car leur sagesse est trop forte et leur concentration unifiée trop faible. Seuls les Tathāgata peuvent en voir la totalité parce qu'ils possèdent à un même degré un esprit demeurant dans le calme et une vision supérieure.»

À cause du pouvoir de la méditation du calme mental, l'esprit ne sera pas perturbé par le vent des pensées conceptuelles, tel une lampe à beurre qui n'est pas agitée par la brise. La vision supérieure élimine toutes les taches des vues erronées, de sorte que vous ne serez pas affecté par les opinions des autres. Le *Sūtra de la lampe lunaire* déclare : «Grâce à la force de la méditation du calme mental, l'esprit deviendra imperturbable, et grâce à la vision supérieure, il deviendra tel une montagne.» Voilà pourquoi vous maintiendrez une pratique yogique alliant les deux.

Pour commencer, le yogi devrait réunir les conditions préalables qui l'aideront à accomplir promptement et aisément la méditation du calme mental et la vision supérieure.

Les conditions préalables indispensables au développement de la méditation du calme mental sont : vivre dans un lieu favorable, limiter ses désirs et pratiquer le contentement, ne pas s'impliquer dans de trop nombreuses activités, maintenir une moralité pure, et éliminer complètement l'attachement et toute autre sorte de pensée conceptuelle.

On reconnaîtra un environnement favorable à ces cinq caractéristiques : on doit pouvoir s'y procurer aisément de la nourriture et des vêtements, il doit être dépourvu d'êtres malins et d'ennemis, être dénué de maladies, être fréquenté par de bons amis qui maintiennent une discipline éthique et partagent des vues similaires, n'être visité que par peu de gens le jour et être peu bruyant la nuit. Limiter ses désirs signifie ne pas être excessivement attaché à de nombreux vêtements de qualité, tels que les robes monacales, etc. Par pratique du contentement, il faut entendre être toujours satisfait de peu, par exemple de robes monacales médiocres, etc. Ne pas être impliqué dans de nombreuses activités veut dire laisser tomber les activités ordinaires telles que les affaires, éviter de s'associer étroitement à des laïcs et des moines, et abandonner complètement la pratique de la médecine et de l'astrologie.

Même dans le cas où l'on dit qu'une transgression des vœux des Auditeurs ne peut être réparée, si le regret et la conscience claire de l'intention de ne pas recommencer sont présents, ainsi que la compréhension de l'absence d'identité réelle de l'esprit qui a commis l'action ou encore la familiarité avec l'absence d'identité réelle de tous les phénomènes, on peut dire que la moralité de la personne est pure. On devrait comprendre cela selon le *Sūtra sur l'élimination des regrets d'Ajātaśatru*. Vous devriez surmonter vos regrets et redoubler d'effort dans votre méditation.

Le fait d'être attentif aux divers défauts de l'attachement à cette vie et aux vies futures vous aidera à éliminer les conceptions erronées à ce propos. Dans le cycle des existences, les belles choses comme les choses répugnantes ont ceci en commun qu'elles sont toutes instables et sujettes à la désintégration. Il ne fait aucun doute que vous serez séparé sous peu de toutes ces choses. Méditez ainsi : «pourquoi donc le soi devrait-il s'attacher avec tant d'excès à ces choses ?», puis dissipez toutes les conceptions erronées.

Quelles sont les conditions préalables à la vision supérieure ? Il faut se confier à des personnes saintes, rechercher sérieusement des instructions élaborées et une contemplation correcte.

Sur quelle sorte de personne sainte devrions-nous compter ? Sur celle qui a entendu de nombreux [enseignements], qui s'exprime clairement, est douée de compassion et a la capacité d'endurer des épreuves.

Que veut-on dire par rechercher des instructions détaillées ? Il s'agit d'écouter sérieusement et respectueusement le sens définitif et provisoire des douze branches des enseignements du Bouddha. Le *Sūtra qui révèle la Pensée* nous dit : «Ne pas écouter les enseignements des êtres supérieurs comme vous le souhaiteriez est un obstacle pour la vision supérieure.» Le même sūtra déclare : «La vision supérieure surgit de sa cause, la vue correcte, qui elle-même provient de l'écoute et de la contemplation.» Le *Sūtra des questions de Narayāna* dit : «Par l'expérience de l'écoute [des enseignements], vous obtenez la sagesse, et avec cette sagesse, toutes les émotions perturbatrices seront rigoureusement pacifiées.»

Qu'entend-on par contemplation correcte ? Il s'agit d'établir avec justesse quels sont les sūtra définitifs et ceux qui sont interprétables. Quand les bodhisattva sont libérés du doute, ils peuvent méditer de manière unifiée. Mais si le doute et l'indécision les assaillent, ils seront comme un homme à la croisée des chemins, incapable de choisir la voie à suivre.

Les yogis devraient en permanence éviter le poisson, la viande, etc., devraient manger avec modération et éviter les nourritures qui ne favorisent pas la bonne santé.

Ainsi, les bodhisattva qui ont réuni toutes les conditions préalables pour la méditation du calme mental et la vision supérieure devraient entrer en méditation.

Quand il médite, le yogi devrait d'abord compléter les pratiques préliminaires. Après s'être rendu aux toilettes et s'être installé dans un lieu agréable dénué de bruits dérangeants, il songera : « Je délivrerai tous les êtres en les menant vers l'état d'Éveil. » Puis il manifestera une grande compassion, le souhait de libérer tous les êtres, et rendra hommage à tous les bouddha et bodhisattva des dix directions en touchant le sol des cinq points de son corps.

Il disposera face à lui ou en un quelconque autre lieu une représentation des bouddha et des bodhisattva, telle qu'une peinture. Il fera autant d'offrandes et de prières que cela lui sera possible. Il confessera ses mauvaises actions et se réjouira des mérites de tous les autres êtres.

Puis, il s'assiera dans la posture complète du lotus de Vairocana, ou dans la posture du demi-lotus, sur un coussin confortable. Les yeux ne devraient être ni trop ouverts ni trop fermés. Laissez-les se poser sur la pointe du nez. Le corps ne devrait pencher ni vers l'avant ni vers l'arrière. Maintenez-le droit et portez votre attention vers l'intérieur. Les épaules détendues dans leur position naturelle, la tête ne devrait pencher ni vers l'avant ni vers l'arrière, ni d'un côté ni de l'autre. Le nez se trouvant dans l'alignement du nombril, les dents et les lèvres devraient demeurer dans leur position naturelle, la langue touchant le haut du palais. Respirant avec douceur, calmement et sans aucun bruit, sans effort ni irrégularités, il inspirera et expirera naturellement, lentement et imperceptiblement.

La méditation du calme mental devrait être accomplie en premier. Le calme mental est cet état d'esprit qui est venu à bout de la distraction par des objets externes et qui se tourne spontanément et continuellement vers l'objet de méditation avec félicité et souplesse.

On appelle vision supérieure ce qui, partant d'un état de calme mental, examine avec soin l'ainsité. Le *Sūtra des nuées de joyaux* déclare : «La méditation du calme mental est un esprit concentré en un point ; la vision supérieure permet de faire des analyses précises de l'ultime.»

Et d'après le *Sūtra qui révèle la Pensée*[118] : «Maitreya demanda : "Ô Bouddha, comment [les pratiquants] peuvent-ils s'engager à fond dans la méditation du calme mental et devenir experts dans la vision supérieure ?" Le Bouddha répondit : "Maitreya, j'ai donné les enseignements suivants aux bodhisattva : les sūtra, les louanges mélodieuses, les enseignements prophétiques, les enseignements versifiés, les instructions spéciales, les conseils pour des expériences spécifiques, les expressions de réalisation, les légendes,

[118] cf. *Saṁdhinirmocanasūtra*, chapitre VIII, Les questions de Maitreya.

l'histoire de mes naissances, les enseignements développés, les enseignements merveilleux et les instructions de la doctrine établie. Les bodhisattva devraient écouter soigneusement ces enseignements, se rappeler leur contenu, s'entraîner à les réciter et les examiner à fond intellectuellement. Avec une parfaite compréhension, ils devraient se rendre en des lieux retirés, réfléchir à ces enseignements et continuer à les méditer. Ils devraient se concentrer uniquement sur les sujets qu'ils ont déjà examinés et ce de manière continuelle. C'est ce que l'on appelle l'engagement mental.»

«Quand l'esprit s'est ainsi engagé de manière répétée et que se sont établies une flexibilité physique et mentale, on appelle cet état d'esprit le calme mental. C'est ainsi que les bodhisattva recherchent correctement l'état où l'esprit repose calmement.»

«Quand le bodhisattva a obtenu les souplesses mentale et physique et demeure uniquement en cela, il élimine la distraction mentale. Le phénomène qu'il a contemplé en guise d'objet de concentration intérieure unifiante devrait alors être analysé et considéré comme un reflet. Ce reflet ou cette image, l'objet de la concentration unifiée, devrait faire l'objet d'un examen minutieux en tant qu'objet de connaissance. On devrait l'étudier en détail et l'examiner à fond. Pratiquez la patience et prenez-y plaisir. À l'aide d'une analyse adéquate, observez-le et comprenez-le. C'est cela que l'on appelle vision supérieure. Ainsi, les bodhisattva deviennent habiles dans les méthodes de la vision supérieure.»

Les yogis qui cherchent à manifester un esprit qui repose calmement devraient avant tout se concentrer étroitement sur le fait que les douze collections d'écritures — les sūtra, les louanges mélodieuses, et ainsi de suite — se résument à ce qui mène à l'ainsité, y mènera et y a mené.

L'une des manières de procéder à cette méditation consiste à fixer étroitement l'esprit sur les agrégats physiques et mentaux, objet qui inclut l'ensemble des phénomènes. Une autre manière consiste à fixer l'esprit sur une représentation du Bouddha. Le *Sūtra roi de la stabilité méditative* déclare :

Avec un corps à l'éclat doré,
Le seigneur de l'univers est d'une extrême beauté.
Du bodhisattva qui fixe son esprit sur cet objet,
Il est dit qu'il est dans l'absorption méditative.

Fixez de cette manière l'esprit sur l'objet de votre choix et quand vous l'avez fait, n'ayez de cesse d'y fixer l'esprit sans interruption. Ayant ainsi fixé l'esprit, examinez-le et vérifiez s'il est correctement concentré sur l'objet. Vérifiez aussi [qu'il n'y a pas de] torpeur et voyez si l'esprit est distrait par les objets extérieurs.

Si vous sentez que la somnolence ou la torpeur mentale alourdit votre esprit, ou si vous craignez que cette lourdeur se manifeste, vous devriez porter votre attention sur un objet suprêmement agréable, comme une représentation du Bouddha ou l'idée de lumière. Une fois la torpeur dissipée par ce procédé, l'esprit devrait s'efforcer de voir l'objet très clairement.

Vous devriez reconnaître que la lourdeur est à l'œuvre lorsque l'esprit ne peut pas voir clairement son objet, quand vous vous sentez comme aveugle ou comme si vous étiez dans un lieu obscur ou les yeux clos. Si, tandis que vous méditez, votre esprit se met à poursuivre les caractéristiques des objets extérieurs telle leur forme, ou bien porte son attention sur d'autres phénomènes, ou encore est distrait par le désir d'un objet rencontré auparavant, ou même si vous suspectez l'approche d'une distraction, réfléchissez au fait que tous les phénomènes composés sont impermanents. Pensez à la souffrance ou à tout autre sujet susceptible de tempérer votre esprit.

Ce processus devrait permettre d'éliminer la distraction, et à l'aide de la corde de l'attention et de la vigilance, vous devriez attacher l'esprit semblable à un éléphant à l'arbre de l'objet méditatif. Lorsque vous trouverez que l'esprit est dégagé de la torpeur et de l'agitation et qu'il demeure naturellement sur l'objet, vous pourrez relâcher vos efforts et demeurer neutre tant qu'il en sera ainsi.

Vous devriez comprendre que le calme mental est rendu effectif lorsque vous éprouvez la souplesse physique et la souplesse mentale dues à une longue habitude de la méditation, et que l'esprit a gagné le pouvoir de se maintenir sur l'objet dès qu'il le choisit.

Après avoir maîtrisé le calme mental, méditez sur la vision supérieure, en pensant comme suit : «tous les enseignements du Bouddha sont parfaits et révèlent directement ou indirectement l'ainsité, y menant avec la clarté la plus grande. Si je comprends l'ainsité, je serai libéré des rets des vues fausses, de même que les ténèbres se dissipent lorsqu'apparaît la lumière. Une simple méditation du calme mental n'a le pouvoir ni de purifier la conscience claire primordiale ni d'éliminer les ténèbres des obscurcissements. Si je médite correctement à l'aide de la sagesse sur l'ainsité, la conscience claire primordiale sera purifiée. Ce n'est qu'avec la sagesse que je pourrai réaliser l'ainsité. Seule la sagesse me permettra d'éradiquer les obscurcissements. Par conséquent, en entreprenant la méditation du calme mental, je rechercherai l'ainsité avec sagesse. Et je ne me contenterai point du seul calme mental.»

À quoi ressemble l'ainsité ? C'est la nature de tous les phénomènes que d'être ultimement vides du soi de la personne et du soi des phénomènes. On réalise cela grâce à la perfection de sagesse, pas autrement. On lit dans le *Sūtra qui révèle la Pensée* : «Ô Tathāgata, au moyen de quelle perfection les bodhisattva appréhendent-ils l'absence d'identité des phénomènes ? — Avalokiteśvara, celle-ci est appréhendée par la perfection de sagesse.» Par conséquent, méditez sur la sagesse lorsque vous entrez dans le calme mental.

Les yogis devraient mener ainsi leur analyse : on ne peut constater la présence d'une personne qui soit séparée de ses agrégats mentaux et physiques, des éléments et des pouvoirs des sens. Il n'y a pas non plus de personne ayant pour nature les agrégats, etc., parce que les agrégats et les autres éléments ont pour essence d'être multiples et impermanents. D'aucuns ont désigné la personne comme étant permanente et singulière. La personne en tant que phénomène ne peut exister autrement que sous le mode unique ou multiple puisqu'il n'y a aucune autre manière d'exister. Par conséquent, nous devons conclure que l'affirmation mondaine du "moi" et du "mien" est une méprise complète.

La méditation sur l'inexistence du soi des phénomènes devrait aussi suivre cette ligne : les phénomènes, en résumé, peuvent tous être inclus dans les cinq agrégats, les douze sources des perceptions et les dix-huit éléments. Les aspects physiques des agrégats, des sources de perception et des éléments ne sont, au sens ultime, rien d'autre que des aspects de l'esprit. C'est pourquoi, lorsqu'ils sont réduits en particules subtiles et que l'on examine la nature individuelle des parties de ces particules subtiles, aucune identité définie ne peut leur être trouvée.

Au sens ultime, l'esprit non plus ne peut pas être réel. Comment l'esprit, qui appréhende seulement la nature trompeuse des formes physiques et autres phénomènes, et qui apparaît sous des aspects variés, pourrait-il être réel ? Les formes physiques et autres phénomènes sont trompeurs, or l'esprit n'existe pas séparément des formes physiques et autres qui sont illusoires, il est donc également illusoire. Les formes physiques et les autres phénomènes possèdent des aspects variés et leur identité n'est ni une ni multiple. Il en va de même pour l'esprit qui n'est pas différent d'eux : son identité n'est pas davantage une ni multiple. Par conséquent, de par sa nature, l'esprit est comme une illusion.

Analysez et voyez que, tout comme l'esprit, les phénomènes sont dans leur nature semblables à une illusion. De cette manière, lorsque l'on examine précisément l'identité de l'esprit au moyen de la sagesse, on perçoit qu'au niveau ultime, ce dernier n'est ni à l'intérieur ni à l'extérieur. On ne le perçoit pas non plus dans l'absence des deux. Ni l'esprit du passé ni celui du futur ni même celui du présent ne sont perçus. Quand l'esprit naît, il ne vient de nulle part, et lorsqu'il cesse, il ne va nulle part car il n'est pas appréhendable, il est indémontrable et sans réalité physique. À la question : «Quelle est donc l'essence de ce qui ne peut être appréhendé, est indémontrable et sans réalité physique ?», l'*Amas de joyaux* répond : «Ô Kāśyapa, quand on recherche minutieusement l'esprit, on ne peut le trouver. Ce qui n'est pas trouvé ne peut être perçu. Et ce qui n'est pas perçu n'est ni passé, ni futur ni présent.» Par l'usage d'une telle analyse, on ne voit pas ultimement le commencement de l'esprit, on ne voit pas ultimement la fin de l'esprit et on ne voit pas ultimement le milieu de l'esprit.

Il s'agit de comprendre que tous les phénomènes n'ont ni fin ni milieu, tout comme l'esprit n'a ni fin ni milieu. Sachant que l'esprit n'a ni fin ni milieu, on ne perçoit aucune identité de l'esprit. Ce que l'esprit réalise ainsi complètement, il le réalise également comme étant vide. En réalisant cela, la véritable identité, c'est-à-dire l'aspect de l'esprit, à l'instar de l'identité des formes physiques et autres, n'est pas perçue ultimement. De la sorte, quand une personne, à l'aide de la sagesse, ne voit ultimement aucune identité dans aucun phénomène, il n'entreprendra plus d'analyse pour découvrir si les formes physiques sont permanentes ou transitoires, vides ou non-vides, contaminées ou non-contaminées, produites ou non-produites, existantes ou non-existantes. De même qu'il n'examinera pas les formes physiques, de même, il n'examinera ni les sensations ni les perceptions, ni les facteurs de composition, ni la conscience. Lorsque l'objet n'existe pas, ses caractéristiques n'existent pas davantage. Comment donc pourrait-on les examiner ?

De la sorte, quand il n'appréhende pas fermement l'essence d'une chose comme existant ultimement, l'ayant examinée avec sagesse, le pratiquant entre dans une concentration unifiée et non-conceptuelle. C'est ainsi que l'absence d'identité de tous les phénomènes est réalisée.

Ceux qui ne méditent pas avec sagesse en analysant avec précision l'essence des choses, mais se contentent de méditer sur l'élimination de l'activité mentale, ne peuvent éviter les pensées conceptuelles. Ils sont également dans l'impossibilité de réaliser l'absence d'identité car il leur manque la lumière de la sagesse. Si le feu de la conscience qui connaît les phénomènes tels qu'ils sont est produit par l'analyse individuelle de l'ainsité, alors, tel le feu produit en frottant du bois, il brûlera le bois des pensées conceptuelles. Le Bouddha a parlé dans ce sens.

Les *Nuages de joyaux* déclarent également : «Ceux qui sont habiles à discerner les erreurs entrent dans le yoga de la vacuité afin de se débarrasser de toutes les élaborations conceptuelles. Du fait de sa méditation répétée sur la vacuité, une telle personne, lorsqu'elle recherche scrupuleusement l'objet qui réjouit l'esprit et le distrait ainsi que l'identité de cet objet, réalise leur vacuité. Quand elle examinera à son tour cet esprit lui-même, elle comprendra qu'il est vide. Et quand elle recherche systématiquement l'identité de ce qui est compris par cet esprit, cela aussi, elle le comprend comme étant vide. C'est par une telle réalisation que l'on entre dans le yoga sans signes.» Voilà qui montre que seuls ceux qui ont entrepris une analyse complète peuvent aborder le yoga sans signes.

Il a donc été très clairement expliqué que par la simple élimination de l'activité mentale, sans examiner l'identité des choses à l'aide de la sagesse, il n'est pas possible de s'engager dans une méditation non-conceptuelle. Ainsi, la concentration s'applique après que l'on ait parfaitement analysé avec sagesse la véritable identité des choses telles que les formes physiques et autres, et non en se concentrant sur les formes physiques, etc. La concentration n'est pas non plus rendue effective en demeurant à cheval entre ce monde et le monde au-delà, parce qu'alors les formes physiques et autres phénomènes ne sont pas perçus. On appelle donc cela une concentration sans support.

[Ce type de pratiquant] sera appelé un méditant de la sagesse suprême, car ayant examiné avec précision l'identité de toutes choses à l'aide de la sagesse, il n'aura rien perçu. Ainsi le déclarent le *Sūtra du Trésor de l'espace*, le *Sūtra du Joyau de la couronne*, et plusieurs autres textes.

De cette manière, en pénétrant l'ainsité de l'inexistence du soi des personnes et des phénomènes, vous êtes libre des concepts et de l'analyse car il n'y a rien à examiner à fond ni à observer. Vous êtes libre de toute expression, et avec une absorption mentale unifiée, vous pénétrez automatiquement dans la méditation sans effort. Ainsi, vous méditez très clairement sur l'ainsité et reposez en son sein. Et tandis que vous demeurez dans cette méditation, la continuité de l'esprit ne devrait pas être sujette à la distraction. Lorsque l'esprit est distrait par des objets extérieurs à cause de l'attachement ou d'autres raisons, on devrait s'en rendre compte et apaiser rapidement cette distraction en méditant sur l'aspect repoussant de ces objets, puis ramener promptement l'esprit sur l'ainsité.

Si l'esprit se révélait peu enclin à faire cela, réfléchissez sur les avantages d'une concentration unifiante et goûtez le délice de méditer. On pourra aussi pacifier le manque d'inclination en contemplant les défauts de la distraction.

Si les fonctions de l'esprit s'obscurcissent, s'il commence à s'enliser ou s'il se présente le risque de sombrer parce que l'on est accablé par la torpeur ou le sommeil, alors il faudra comme auparavant s'efforcer rapidement de vaincre une telle lourdeur en concentrant l'esprit sur des sujets souverainement réjouissants. Puis on devrait se concentrer très strictement sur l'ainsité de l'objet. De temps en temps, lorsque l'on observe que l'esprit est agité ou tenté de se distraire en se rappelant les bons moments d'autrefois passés à rire et à jouer, alors, comme dans les cas précédents, apaisez la distraction en réfléchissant à des sujets tels que l'impermanence, qui vous aideront à dompter l'esprit. Faites ensuite un nouvel effort pour placer l'esprit sur l'ainsité sans plus appliquer de contrecarrants.

Si, libre de tout affaissement et de toute agitation mentale, l'esprit pénètre spontanément dans la méditation sur l'ainsité, vous devriez le laisser dans son état naturel et relâcher vos efforts. Si on applique un effort alors que l'esprit se trouve dans un état d'équilibre méditatif, cela distraira l'esprit. Mais si l'effort n'est pas appliqué lorsque l'esprit devient lourd, ce dernier deviendra tel un aveugle à cause d'une extrême inertie et vous n'atteindrez pas la vision supérieure. Ainsi, lorsque l'esprit devient lourd, faites un effort, et lorsqu'il est absorbé [en méditation], relâchez tout effort. Si, tout en méditant sur la vision supérieure, on engendre une sagesse excessive et que le calme vient à faiblir, l'esprit va vaciller comme une lampe à beurre dans le vent et cela vous empêchera de percevoir l'ainsité très clairement. À ce moment, vous méditerez donc sur le calme mental. Et lorsque la méditation du calme mental deviendra excessive, méditez sur la sagesse.

Lorsque vous pratiquez les deux [méditations] de manière équilibrée, maintenez-les sans effort, aussi longtemps qu'aucun inconfort physique ou mental ne se manifestera. S'il advient qu'une gêne physique ou mentale apparaisse, considérez l'ensemble du monde comme une illusion, un mirage, un rêve, un reflet de la lune dans l'eau ou une apparition. Songez alors : «Si ces êtres souffrent tant dans le cycle des existences, c'est parce qu'ils ne comprennent pas cette profonde sagesse.» Puis développez une grande compassion et l'esprit d'Éveil de la bodhicitta, en pensant : «Je vais m'efforcer sans relâche de les aider à comprendre l'ainsité.» Prenez alors un peu de repos. Puis, à nouveau, de la même manière, entrez dans une concentration unifiante sur la non-apparence de tous les phénomènes. Si l'esprit est découragé, prenez donc à nouveau du repos. Telle est la voie pour aborder l'union de la méditation du calme mental et de la vision supérieure, où l'on se concentre sur l'image tantôt conceptuellement, tantôt sans concepts.

Ainsi, au cours de sa progression, le yogi devrait méditer sur l'ainsité pendant une heure ou une demi-session durant la nuit, ou une session entière, ou encore aussi longtemps qu'il le peut sans inconfort. C'est la stabilisation méditative qui discerne complètement l'ultime, telle que l'enseigne le *Sūtra de la descente à Laṅka*. Ensuite, si vous souhaitez quitter la concentration, alors que vos jambes sont encore croisées songez comme suit : «Bien qu'ultimement, tous ces phénomènes soient dénués d'identité, ils existent cependant définitivement au niveau conventionnel. Si tel n'était pas le cas, comment les relations entre causes et effets prévaudraient-elles ? Le Bouddha a également dit :

Les choses sont produites conventionnellement,
Mais ultimement, elles sont dénuées d'identité propre.

Les êtres, dans une attitude infantile, exagèrent l'importance des phénomènes en pensant qu'ils ont une identité propre alors qu'ils n'en ont point. Le fait d'attribuer une existence intrinsèque à toutes ces choses qui en sont dépourvues trouble leur esprit et ils errent ainsi depuis fort longtemps dans le cycle des existences. Pour ces raisons, je vais m'efforcer sans faillir d'obtenir l'état omniscient en parachevant les accomplissements insurpassables de mérite et de sagesse afin de les aider à réaliser l'ainsité.»

Puis, lentement, décroisez les jambes, et faites des prosternations aux bouddha et aux bodhisattva des dix directions. Faites-leur des offrandes et chantez-leur des louanges. Et faites de vastes prières en récitant la *Prière de la Noble Conduite*, etc. Ensuite, par des efforts conscients, menez à bien les accumulations de mérite et de sagesse en pratiquant la générosité, etc., lesquelles [perfections] s'appuient sur l'essence de la vacuité et la grande compassion.

Si vous agissez ainsi, la stabilisation de votre méditation débouchera sur cette vacuité qui présente la meilleure de toutes les qualités. Le *Sūtra du Joyau de la couronne* déclare : «Revêtu de l'armure de l'amour bienveillant tout en demeurant dans la grande compassion, pratiquez la stabilisation méditative qui révèle la vacuité dotée de la meilleure de toutes les qualités. Qu'est-ce donc que cette vacuité dotée de la meilleure de toutes les qualités ? Il s'agit de la vacuité qui n'est point séparée de la générosité, de l'éthique, de la patience, de l'effort, de la stabilisation méditative, de la sagesse, ou encore des moyens habiles.» Les bodhisattva doivent prendre appui sur des pratiques vertueuses telles que la générosité en guise de moyens qui permettent de faire mûrir complètement tous les êtres, et afin de parachever le lieu, le corps et une suite nombreuse.

S'il n'en était pas ainsi, quelles seraient donc les causes de ces champs tels que les champs de bouddha dont le Bouddha a parlé ? La sagesse omnisciente dotée de la meilleure de toutes les qualités peut être accomplie au moyen de la générosité et des autres moyens habiles. En conséquence, le Bouddha a dit que l'omnisciente sagesse est parachevée par les moyens habiles. C'est pourquoi les bodhisattva devraient aussi cultiver la générosité et les autres moyens habiles et pas seulement la vacuité.

Le *Sūtra de la vaste collection de toutes les qualités* déclare également : «Ô Maitreya, les bodhisattva accomplissent complètement les six perfections afin d'atteindre le fruit ultime de la bouddhéité. Mais à cela, les sots répondent : les bodhisattva devraient seulement s'entraîner à la perfection de sagesse — à quoi bon le reste des perfections ? Ils renient ainsi les autres perfections. Maitreya, que penses-tu de cela ? Lorsque le roi de Kashi offrit sa chair au faucon pour le salut d'un pigeon, était-ce un manquement à la sagesse ? — Il n'en est pas ainsi, répondit Maitreya. Le Bouddha poursuivit : — Maitreya, les bodhisattva accumulent les causes de mérites grâce à leurs actions conjointes aux six perfections. Ces sources de mérites sont-elles nuisibles ? — Ô Bouddha, il n'en est pas ainsi, dit encore Maitreya. Le Bouddha poursuivit : — Maitreya, tu as également pratiqué correctement la perfection de la générosité pendant soixante kalpas, la perfection de l'éthique durant soixante kalpas, la perfection de la patience durant soixante kalpas, la perfection de l'effort enthousiaste durant soixante kalpas, la perfection de la stabilisation méditative durant soixante kalpas, et la perfection de sagesse durant soixante kalpas. À cela, les sots répondent : il existe une seule et unique manière d'atteindre la bouddhéité, et cette manière est celle de la vacuité. Leur pratique est complètement erronée.»

Un bodhisattva doté de la sagesse mais dépourvu des moyens habiles serait tel un Auditeur incapable de s'impliquer dans les œuvres des bouddha. Mais il pourra le faire s'il a le soutien des moyens habiles. Comme il est dit dans *L'Amas de Joyaux* : «Kāśyapa, il en est comme des rois qui sont soutenus par leurs ministres et peuvent ainsi accomplir tous leurs desseins. De manière similaire, [lorsque] la sagesse d'un bodhisattva a l'entier soutien des moyens habiles, un tel bodhisattva peut aussi accomplir toutes les activités d'un bouddha.» La vue philosophique de la voie des bodhisattva est une chose, et les voies philosophiques des non-bouddhistes et des Auditeurs en sont une autre. Par exemple, du fait que la vue philosophique des non-bouddhistes persiste notamment à admettre un soi [réellement existant], une telle voie est complètement et pour toujours éloignée de la sagesse. C'est pourquoi ils ne peuvent atteindre la libération.

Les Auditeurs sont privés de la grande compassion et dépourvus de moyens habiles. En conséquence, ils s'efforcent uniquement de gagner le nirvāṇa. Dans leur voie, les bodhisattva enchâssent sagesse et moyens habiles, de sorte qu'ils s'efforcent d'achever le nirvāṇa non-statique. La voie des bodhisattva consiste en sagesse et en moyens habiles et c'est pourquoi ils atteignent le nirvāṇa non-statique. Grâce au pouvoir de la sagesse, ils ne chutent pas dans le cycle des existences ; grâce au pouvoir des moyens habiles, ils ne chutent pas dans le nirvāṇa.

Le *Sūtra de la Colline de Gaya* déclare : «En bref, la voie des bodhisattva est double. Elle comprend les moyens habiles et la sagesse.» Et le *Premier parmi les suprêmes et glorieux* dit aussi : «La perfection de sagesse est la mère, et l'expertise en moyens habiles le père.»

L'enseignement de Vimalakīrti nous dit également :«Qu'est-ce qui est esclavage pour les bodhisattva et qu'est-ce qui est libération ? Le maintien d'une vie dénuée de moyens habiles dans le cycle des existences est un esclavage pour les bodhisattva. Mais mener une vie pourvue des moyens habiles dans le cycle des existences est libération. Maintenir une vie dépourvue de sagesse dans le cycle des existences est un esclavage pour les bodhisattva. Mais mener une vie dotée de sagesse dans le cycle des existences est libération. La sagesse qui n'est pas liée aux moyens habiles est un esclavage, mais la sagesse conjointe aux moyens habiles est libération. Les moyens habiles séparés de la sagesse sont un esclavage, les moyens habiles conjoints à la sagesse sont libération.»

Qu'un bodhisattva ne cultive que la seule sagesse, et il chutera dans le nirvāṇa désiré par les Auditeurs. C'est donc semblable à un esclavage. Et il ne pourra être libéré au sein du nirvāna non-statique. Ainsi, la sagesse séparée des moyens habiles est un esclavage pour les bodhisattva. En conséquence, tout comme une personne fouettée par le vent recherche le réconfort auprès du feu, un bodhisattva cultive la sagesse de la vacuité aux côtés des moyens habiles afin de dissiper le vent des vues fausses. [Mais il] ne [s'efforce pas] de la manifester comme le font les Auditeurs. Le *Sūtra des dix qualités* déclare : «Ô fils de noble famille, il en est comme d'une personne qui s'est complètement dévouée au feu, qui le respecte et le considère comme son guru. Il ne se dit pas : parce que je le respecte, l'honore et le vénère, je devrais tenir le feu entre mes mains. Cela parce qu'il réalise que faire ainsi lui causerait une grande douleur physique et un grand malaise intérieur. De même, un bodhisattva est également conscient du nirvāṇa, mais il n'essaie pas pour autant de l'actualiser. Cela parce qu'il réalise que faire ainsi le détournerait de l'Éveil.»

S'il s'appuie seulement sur les moyens habiles, le bodhisattva ne transcendera pas le niveau ordinaire et par conséquent, il en résultera un esclavage. Voilà pourquoi il cultive les moyens habiles aux côtés de la sagesse. Par le pouvoir de la sagesse, les bodhisattva peuvent même transformer les émotions perturbatrices en nectar, comme une formule mantrique le peut d'un poison. Il n'est pas nécessaire d'exprimer [le caractère bénéfique] de la générosité et des autres vertus qui mènent naturellement aux états les plus élevés de l'existence.

L'Amas de Joyaux déclare : «Kāśyapa, il en est ainsi : à cause du pouvoir du Tantra et de la médecine, le poison peut ne pas causer la mort. De même, puisque les émotions perturbatrices des bodhisattva sont sous le contrôle de la sagesse, elles ne peuvent provoquer leur chute. Par conséquent, grâce au pouvoir des moyens habiles, les bodhisattva n'abandonnent pas le cycle des existence ; ils ne chutent pas dans le nirvāṇa. Grâce au pouvoir de la sagesse, ils éliminent tous les objets conçus à tort comme réellement existants, et par conséquent, ils ne chutent pas dans le cycle des existences. Ainsi, ils atteignent le nirvāṇa non-statique de la seule bouddhéité.» Le *Sūtra du Trésor de l'espace* dit également : «À cause de la connaissance de la sagesse, les bodhisattva éliminent toutes les émotions perturbatrices, et du fait de leur connaissance des moyens habiles, ils n'abandonnent pas les êtres.» Le *Sūtra qui révèle la Pensée* dit aussi : «Je n'ai pas enseigné que celui qui n'est pas concerné par le bien des êtres et qui n'a pas de penchant pour réaliser la nature de tous les phénomènes composés atteindra la bouddhéité insurpassable et parfaitement accomplie.» En conséquence, ceux qui ont pour objectif la bouddhéité doivent cultiver à la fois la sagesse et les moyens habiles.

Tandis que vous méditez sur la sagesse transcendante, ou lorsque vous êtes dans un profond recueillement méditatif, vous ne pouvez pas appliquer les moyens habiles tels que la pratique de la générosité. Mais les moyens habiles peuvent être cultivés en même temps que la sagesse durant les périodes préparatoires et post-méditatives. C'est la manière d'entrer simultanément dans la sagesse et les moyens habiles.

De plus, c'est la voie par laquelle les bodhisattva entrent dans une pratique intégrée de la sagesse et des moyens habiles. Il s'agit de cultiver la voie transcendante qui est complètement imprégnée d'une grande compassion dirigée vers l'ensemble des êtres. Et tandis que vous mettez en œuvre les moyens habiles après être sorti du recueillement méditatif, vous pratiquez la générosité et les autres méthodes sans aucune méprise, tel un magicien. Il est dit dans le *Sūtra de l'enseignement à Akṣayamati* : «Quels sont les moyens habiles d'un bodhisattva et quelle sorte de sagesse manifeste-t-il ? Les moyens habiles du bodhisattva consistent à penser et à concentrer précisément l'esprit sur les êtres avec grande compassion au cours du recueillement méditatif. Et l'entrée dans l'équilibre méditatif qui se fait en paix, dans une paix extrême, est la sagesse.» Les références de cette sorte sont fort nombreuses. *Le Chapitre sur le contrôle des forces malveillantes* déclare également : «En outre, les activités parfaites des bodhisattva consistent en des efforts conscients de l'esprit de sagesse, et en la réunion de tous les dharma méritoires par l'esprit des moyens habiles. L'esprit de sagesse mène également à l'inexistence du soi, l'absence d'existence en soi des êtres, de la vie, de son support et de la personne. Et l'esprit des moyens habiles mène tous les êtres vers la complète maturité.» Quant au *Sūtra de la réunion complète de toutes les qualités*, il déclare :

> Tout comme un magicien s'efforce
> De laisser sa création prendre son autonomie,
> Sachant par avance quelle est la nature de sa création,
> Il ne manifeste aucun attachement à son égard.
> De même, les trois domaines sont comme une illusion,
> Ce que Bouddha le sage savait
> Depuis fort longtemps avant de connaître les êtres de ces mondes
> Et d'entreprendre de les aider.

C'est à cause de la pratique de la sagesse et des moyens habiles des bodhisattva que l'on dit : dans leurs activités, ils demeurent dans le cycle des existences, mais par la pensée, ils séjournent dans le nirvāṇa.

De la sorte, habituez-vous à la générosité et aux autres moyens habiles dédiés à l'Éveil insurpassable et parfaitement accompli, tout en préservant l'essence de la vacuité et de la grande compassion. Afin d'engendrer l'esprit d'Éveil ultime de la bodhicitta comme on l'a fait plus tôt, pratiquez la méditation du calme mental et la vision supérieure autant que cela vous est possible en sessions régulières. Comme on l'enseigne dans le *Sūtra du Champ pur de l'Engagement*, familiarisez-vous constamment avec les moyens habiles en concentrant votre attention sur les excellentes qualités des bodhisattva qui œuvrent au bien des êtres à tout moment.

De cette façon, les familiers de la compassion, des moyens habiles et de l'esprit d'Éveil de la bodhicitta excelleront sans aucun doute dans cette vie. Ils contempleront sans cesse dans leurs rêves des bouddha et des bodhisattva et toutes sortes d'autres sujets agréables leur apparaîtront. Les dieux reconnaissants les protégeront et ils accumuleront à chaque instant d'immenses quantités de mérites et de réalisations. Les émotions perturbatrices et toutes sortes de mauvais états d'existence seront purifiés. Vous jouirez de beaucoup de bonheur et de la paix de l'esprit à tout moment et un grand nombre d'êtres vous chériront. Physiquement, vous serez également affranchi des maladies. Vous atteindrez une suprême dextérité spirituelle, ce qui vous permettra de parachever des qualités spéciales telles que la clairvoyance.

Alors, grâce à des pouvoirs miraculeux, vous voyagerez en d'innombrables mondes, faisant des offrandes aux bouddha et écoutant leurs enseignements. Au moment de mourir, vous verrez également, c'est certain, les bouddha et les bodhisattva. Dans vos vies futures, vous renaîtrez en des familles et des lieux exceptionnels où vous ne serez jamais privé de la compagnie des bouddha et des bodhisattva. C'est ainsi que vous accomplirez sans aucun effort toutes les accumulations de mérites et de sagesse. Vous jouirez d'une grande prospérité, d'un grand entourage et de nombreux assistants. Doué d'une intelligence aiguë, vous aurez la capacité de faire mûrir l'esprit de nombreux êtres. Dans toutes ses vies, une telle personne pourra se souvenir de ses vies passées. Essayez de comprendre ces avantages incommensurables que d'autres sūtra décrivent également.

De cette manière, si vous méditez longuement et avec ravissement sur la compassion, les moyens habiles et l'esprit d'Éveil de la bodhicitta, le courant de votre esprit finira par être complètement purifié et parviendra à maturité. Alors, de même que l'on produit du feu en frottant deux bouts de bois l'un contre l'autre, vous parachèverez votre méditation sur la réalité parfaite. Vous obtiendrez de la sorte une connaissance extrêmement claire de la sphère des phénomènes, libre de toute élaboration conceptuelle, la sagesse transcendante délivrée des rets de la pensée conceptuelle. Cette sagesse de la bodhicitta ultime est immaculée, à l'image d'une lampe à beurre immuable qui ne vacille plus au vent. Un tel esprit ancré dans la bodhicitta ultime s'intègre dans la voie de la vision où l'on appréhende la nature dépourvue d'être en soi de tous les phénomènes. Grâce à cet accomplissement, vous ferez votre entrée sur la voie axée sur la réalité des choses et vous naîtrez alors dans la famille des Tathāgata. Vous pénétrerez dans l'état immaculé d'un bodhisattva, vous détournant de toutes les naissances errantes, et vous installant dans l'ainsité des bodhisattva, vous atteindrez la première terre des bodhisattva. Vous trouverez plus de détails sur ces avantages en d'autres textes tels que *Les dix terres spirituelles*. C'est ainsi que le *Sūtra de la descente à Laṅka* enseigne comment stabiliser la méditation en se concentrant sur l'ainsité et c'est ainsi que les bodhisattva pénètrent dans la méditation non-conceptuelle, libre de toute élaboration.

De cette manière, une personne qui est parvenue à la première terre se familiarise ensuite, au cours de la voie de la méditation, avec les deux sagesses de l'état transcendant, la sagesse subséquente et les moyens habiles. C'est ainsi qu'il purifie peu à peu les plus subtiles accumulations d'obscurcissements qui sont l'objet à purifier lors de la voie de la méditation. Et afin de parachever les plus hautes qualités, il purifie complètement les niveaux spirituels inférieurs. Tous ses buts et tous ses objectifs sont parfaitement accomplis lorsqu'il entre dans la sagesse transcendante des Tathāgata et pénètre au sein de l'océan de l'omniscience. C'est ainsi que, grâce à une pratique graduelle, le courant de l'esprit sera complètement purifié. Le *Sūtra de la descente à Laṅka* l'explique. Le *Sūtra qui révèle la Pensée* également, lorsqu'on y lit : «De manière à parachever les niveaux les plus élevés, vous devriez purifier votre esprit comme on raffine de l'or, jusqu'à ce que vous réalisiez la bouddhéité insurpassable et parfaitement accomplie.»

En pénétrant dans l'océan de l'omniscience, vous entrez en possession des qualités infaillibles et semblables au joyau qui permettent de combler les êtres, et celles-ci sont le plein résultat de vos prières passées. L'individu devient alors la personnification de la compassion, il est doté de moyens habiles variés qui fonctionnent spontanément et œuvre sous forme d'émanations diverses dans l'intérêt de tous les êtres errants. En outre, tous les attributs merveilleux sont parachevés. Avec l'élimination complète de toutes les souillures et de leur potentiel latent, tous les bouddha se mettent au service de chaque être vivant. Réalisant cela, développez la foi dans les bouddha, la source de toutes les connaissances et de toutes les qualités merveilleuses. Chacun de nous devrait s'efforcer de manifester ces qualités.

Le Bouddha l'a dit ainsi : «La sagesse transcendante de l'omniscience est produite en vertu de la compassion, sa source, de l'esprit d'Éveil de la bodhicitta, sa cause, et elle est parachevée par les moyens habiles.»

Le sage se tient à l'écart de la jalousie et des autres souillures ;
Sa soif de connaissance est insatiable,
Pareille à l'océan.
Grâce au discernement, il ne retient que ce qui est juste,
À l'instar des cygnes qui extraient le lait de l'eau.
Ainsi les érudits devraient-ils se maintenir à l'écart
Des attitudes partiales et de la bigoterie.
Même d'un enfant,
On peut recevoir de bonnes paroles.

Quels que soient les mérites que je puisse retirer
De l'exposition de cette Voie médiane,
Je les dédie à tous les êtres
Afin qu'ils accomplissent la Voie médiane.

Ainsi s'achève la seconde partie des *Étapes de la méditation*, composée par l'Ācarya Kamalaśīla. Elle fut traduite et mise en forme en tibétain par les soins de l'abbé indien Prajñāvarman et le moine Yéshé Dé.

GLOSSAIRE DES TERMES BOUDDHIQUES

accumulations (deux) (sk. divisaṃbhāra, tib. tshogs-gnyis) : L'accumulation de mérites qui favorise le cheminement et l'accumulation de sagesse qui dissipe l'ignorance. Ces deux accumulations débouchent respectivement au niveau du fruit sur l'obtention du Corps absolu (dharmakāya) et des Corps formels (saṃbhogakāya, nirmāṇakāya) d'un bouddha.

agrégats (sk. pañca skandha, tib. phung-po lnga) : Les cinq composants du "moi" illusoire, forme, sensation, perception, formations karmiques et conscience.

apparence (tib. snang-ba) : Le mode de manifestation des phénomènes dans la réalité conventionnelle. L'apparence d'un phénomène n'est pas sa réalité absolue, qui est vacuité.

Arhat (tib. dgra-bcom-pa) : "Celui qui a vaincu l'ennemi des passions", stade de réalisation dans les véhicules fondamentaux du Hīnayāna.

Au-delà de la Souffrance (voir nirvāṇa)

bodhicitta (tib. byang-chub sems) : L'esprit d'Éveil. On distingue la bodhicitta conventionnelle ou compassion et la bodhicitta absolue où l'on obtient la réalisation de la vacuité. Dans la bodhicitta conventionnelle ou relative, on cultive la bodhicitta d'aspiration où l'on engendre la compassion pour autrui par la pensée et les quatre illimités (amour, compassion, joie, équanimité), et la bodhicitta de mise en action où l'on met en pratique les six perfections ou pāramitā.

bodhisattva (tib. byang-chub sems-dpa') : "Héros de l'esprit d'Éveil", terme qui désigne ceux qui cultivent la bodhicitta, c'est-à-dire ceux qui aspirent à l'Éveil pour œuvrer au bien des êtres vivants.

bouddha (tib. sangs-rgyas) : Un bouddha parfait est un être pleinement éveillé. Il a purifié (tib. sangs) toutes les passions et développé (tib. rgyas) toutes les qualités. L'état de bouddha donc un état intégral et parfait, dénué de tout conditionnement et de toute souffrance, et omniscient.

calme mental (sk. śamatha, tib. zhi-gnas) : La pratique de méditation destinée à calmer les pensées et les émotions perturbatrices par l'attention à un objet de fixation (respiration, objet, lettre, image, etc.).

champ pur (sk. buddhakṣetra, tib. zhing-khams) : Se dit d'une dimension spirituelle ou d'une sphère pure créée par un bouddha où les êtres ont la possibilité de progresser sans obstacles vers l'Éveil.

cinq voies (sk. pañcamārga, tib. lam-lnga) : Les cinq voies de la progression d'un bodhisattva, la voie de l'accumulation (qui commence avec la prise de vœu du bodhisattva), la voie de la préparation, la voie de la vision (quand il devient un āryabodhisattva en réalisant directement la vacuité et parvient à la première terre), la voie de la méditation (quand il élimine les obscurcissements subtils et progresse de la seconde à la dixième terre) et la voie où il n'y a plus rien à apprendre, lorsqu'il atteint l'Éveil parfait d'un bouddha.

contrecarrant (antidote, tib. gnyen-po) : pratique pour contrer un défaut ou une passion spécifique.

compassion (sk. karuṇā, tib. snying-rje) : D'un point de vue général, le souhait sincère de soulager la souffrance d'autrui et l'action que l'on met en œuvre pour y parvenir.

concentration (sk. dhyāna, tib. bsam-gtan) : Pratique de méditation où l'esprit est fixé sur un objet sans distraction. Concentration n'est pas ici synonyme de crispation. Il s'agit d'une concentration de l'attention accompagnée de détente de l'esprit. On parle de concentration unifiante quand la conscience se fixe sur un seul point (sk. ekāgratā, tib. rtse-gcig). Il existe huit niveaux de concentration ou d'aborption méditative : quatre dans le domaine de la forme pure et quatre dans le domaine du sans-forme. Tous sont mondains, c'est-à-dire qu'ils peuvent être expérimentés par les bouddhistes comme par les non-bouddhistes méditants et ne libèrent pas du saṃsāra. L'arhat et le bodhisattva ne doivent pas s'y arrêter mais les dépasser pour atteindre la libération.

cycle des existences (voir saṃsāra)

deux réalités (sk. dvasatya, tib. bden-gnyis) : La réalité ultime des phénomènes, leur vacuité (sk. paramārthasatya, tib. don-dam bden-pa), et la réalité conventionnelle ou recouvrante, l'apparence (sk. saṃvṛtisatya, tib. kun-rdzob bden-pa).

Dharma (tib. chos) : Terme qui comprend dix sens, dont deux sont essentiels. 1) les phénomènes 2) l'enseignement du Bouddha qui concerne la nature essentielle des phénomènes, la vérité (sk. Buddhadharma), et la voie qui y mène.

dieux (sk. deva, tib. lha) : L'un des modes d'existence supérieure dans le saṃsāra. Il existe des dieux du domaine du désir, d'autres du domaine de la forme pure et enfin du domaine du sans-forme. Ces êtres à la cime du saṃsāra n'en sont pas moins conditionnés et soumis au karma. À ne pas confondre avec les déités tantriques (tib. yi-dam lha).

dix terres (sk. daśabhūmi, tib. sa-bcu) : Les dix étapes de progression depuis le moment où le bodhisattva réalise directement la vacuité jusqu'au parfait éveil.

domaine de la forme pure (sk. rūpadhātu, tib. gzugs-kyi khams) : L'un des trois domaines de l'existence samsârique, habité par des dieux aux formes subtiles et lumineuses.

domaine du désir (sk. kāmadhātu, tib. 'dod-pa'i khams) : Le domaine de l'existence samsârique le plus grossier, habité par les êtres des enfers, les esprits avides, les animaux, les êtres humains, les divinités locales et secondaires et les dieux du désir.

domaine du sans-forme (sk. arūpadhātu, tib. gzugs-med kyi khams) : Le domaine de l'existence samsârique le plus subtil, habité par les dieux sans forme, purs esprits cependant attachés à leur absorption méditative.

double but (sk. dvārtha, tib. don-gnyis) : Le double but consiste à atteindre l'éveil soi-même pour oeuvrer efficacement au bien et à la libération d'autrui.

émotions perturbatrices (sk. kleśa, tib. nyon-mong lnga) : se dit de facteurs mentaux susceptibles d'obscurcir la conscience, d'induire la formation de karma négatif et donc d'engendrer la souffrance. Les trois principales, les trois poisons, sont l'ignorance-stupidité, la colère et le désir-attachement.

équanimité (sk. upekṣa, tib. gtang-snyoms) : dans l'enseignement sur la compassion, conviction que tous les êtres, y compris nous-mêmes, sont égaux dans l'illusion et la souffrance et ont tous le potentiel de s'éveiller, méritant tous une égale compassion de notre part, sans partialité.

être, être animé (sk. sattva, tib. 'gro-ba, sems-can) : dans le bouddhisme, désigne tout être vivant doué d'une conscience (les êtres humains, les animaux, mais aussi d'autres classes d'êtres invisibles), cette catégorie n'incluant pas les plantes (vivantes mais non douées de conscience en elles-mêmes).

être de sagesse (sk. jñānasattva, tib. ye-shes sems-dpa) : La déité de sagesse que l'on invite à se fondre dans la déité-support dans les pratiques de visualisation des tantra.

être de samaya (sk. samayasattva, tib. dam-tshig sems-dpa') : Le pratiquant qui se visualise sous la forme de la déité-support, dans les pratiques des tantra.

Éveil (bodhi) : Voir bouddha

ignorance (sk. avidyā, tib. ma-rig-pa) : le poison premier et central de l'esprit, qui a provoqué l'obscurcissement de la conscience et l'émergence du dualisme.

karma (tib. las) : "action". Désigne la loi des causes et des effets quand elle se rapporte à des êtres sensibles. Tout acte est une cause qui sera suivie immanquablement d'un effet de même nature, à plus ou moins longue échéance. C'est l'auteur de l'acte qui en subit les conséquences. Le karma est le moteur de l'existence samsârique.

libération (sk. mokṣa, tib. thar-pa) : La délivrance du saṃsāra et donc l'atteinte du nirvāṇa, c'est-à-dire la cessation de la souffrance et de ses causes.

Mahāyāna (tib. theg-pa chen-po) : Le Grand véhicule, qui met l'accent sur la compassion, l'idéal du bodhisattva et la réalisation de la vacuité.

mantra (tib. sngags) : Formule sanscrite ou dans une autre langue mystique, destinée à être répétée par le yogi pour produire un effet par l'énergie du son. Mantra signife "ce qui protège l'esprit".

mauvaises destinées (tib. ngan-song) : Les trois destinées ou naissances inférieures du samsâra, où la souffrance est plus intense : monde animal, fantômes affamés (sk. preta) et enfers.

mérites (tib. bsod-nams) : Se dit des actes positifs ou vertueux, accumulés sans désir égoïste, et dont la somme produit l'énergie positive nécessaire à progresser sans obstacles sur la voie. La seconde accumulation est celle de la sagesse, qui purifie l'esprit (voir accumulations).

méthodes (ou moyens habiles, sk. upāya, tib. thabs) : dans le cadre du Mahāyāna, la pratique des cinq premières perfections ou pāramitā : générosité, discipline ou éthique, patience, énergie et concentration, cette dernière faisant le pont vers la sagesse (prajñā), qui doit être unie aux cinq autres perfections.

nirvāṇa (tib. myang-ngan 'das-pa) : En tibétain, signifie "L'Au-delà de la souffrance". Lors de l'atteinte de l'éveil, l'illusion se dissipe et avec elle, les causes de la souffrance cessent d'opérer.

Nirvāṇa est l'opposé de saṃsāra en ce sens, mais ce sont en fait deux perceptions différentes d'une même réalité.

objet (tib. yul, gzung-ba) : Littéralement, "ce qui est appréhendé" par le sujet pensant.

obscurcissements (sk. āvaraṇa, tib. sgrib-pa) : Les actes négatifs (tib. sdig-pa) créent des obscurcissements ou voiles de la conscience. Il en existe deux sortes : les obscurcissements émotionnels et les obscurcissements intellectuels.

omniscience (sk. sarvajñatā, tib. kun-mkhyen) : L'état de bouddha est caractérisé par la double omniscience : la connaissance qualitative des phénomènes dans leurs spécificités *(*tib. ji-lta-ba'i mkhyen-pa)* et la connaissance des phénomènes dans leur globalité *(*tib. ji-snyed-pa'i mkhyen-pa).*

phénomène (sk. dharma, tib. chos) : Un phénomène est "ce qui apparaît". Ce terme désigne toute manifestation apparente du saṃsāra comme du nirvāṇa.

potentialités latentes (sk. vāsanā, tib. bag-chags) : terme désignant les traces ou imprégnations laissées par les actes karmiques dans la conscience. Ces traces deviennent des semences à l'origine du mûrissement du karma et des conditionnements ultérieurs de l'existence samsârique. Quand un karma arrive à maturité, on en subit l'effet et la semence disparaît.

prajñā (tib. shes-rab) : La sagesse ou connaissance transcendante, la sixième des perfections ou pāramitā, sans laquelle aucune des autres ne peut exister. Il s'agit d'une connaissance intuitive et tranchante, non-conceptuelle, qui discerne clairement la réalité ultime des phénomènes.

Pratyekabuddha (tib. rang-rgyal) : Les bouddha-par-soi ou "Réalisés solitaires", qui atteignent le niveau d'Arhat dit "unicorne".

production interdépendante (sk. pratītyasamutpāda, tib. rten-'brel 'byung-ba) : Selon le bouddhisme, tout phénomène impermanent est lié à d'autres phénomènes par un jeu de causes et d'effets. Il existe fondamentalement douze liens d'interdépendance ou nidāna, qui constituent la chaîne des causes et des effets.

Quatre illimités (tib. tshad-med bzhi) : L'amour incommensurable, la compassion incommensurable, la joie incommensurable et l'équanimité incommensurable.

saṃsāra (tib. 'khor-ba) : le cycle des existences. Terme qui embrasse tous les modes d'existence vécus sous l'emprise de l'ignorance et du karma, et susceptibles de produire de la souffrance. Tant que l'éveil n'est pas actualisé, il y a transmigration du principe consciente chargé d'empreintes karmiques de vies en vies. La vie dans le saṃsāra est décrite comme une errance sans fin.

Śrāvaka (tib. nyan-thos) : Auditeurs, pratiquants du Hīnayāna qui s'appuient sur l'écoute de l'enseignement et la mise en pratique des quatre vérités pour atteindre la libération de l'arhat.

six consciences (sk. ṣaḍ vijñāna, tib. rnam-shes tshogs-drug) : Les six consciences des sens, c'est-à-dire les consciences de la vue, de l'audition, du goût, de l'odorat, du toucher et la conscience mentale.

six objets des sens (sk. ṣaḍ viṣaya, tib. yul-drug) : Ce sont les objets perceptibles par chacun des sens : les formes, les sons, les goûts, les odeurs et les objets tactiles. Les objets de la conscience mentale sont les *dharma* ou phénomènes mentaux.

six sens (tib. dbang-po drug) : La vue, l'ouïe, le goût, l'odorat, le toucher et le mental.

souffrance (sk. duḥkha, tib. sdug-bsngal) : Au sens bouddhiste, la souffrance est un mal-être créé par le décalage de notre existence par rapport à la réalité. La souffrance est donc frustration.

sujet-objet (tib. gzung-'dzin) : "le préhenseur et l'appréhendé". La croyance à l'existence réelle du "moi" entraîne la préhension de l'autre, de l'objet extérieur, et la scission entre les deux.

Sūtra (tib. mdo) : les textes des discours du Bouddha Śākyamuni, dans le Hīnayāna et le Mahāyāna.

Tantra (tib. rgyud) : Nom des écrits fondamentaux du Vajrayāna mais aussi du Dzogchen, bien qu'il ne s'agisse pas d'un enseignement tantrique.

Trois domaines (sk. tridhātu, tib. khams-gsum) : Les trois domaines du saṃsāra : désir, forme pure et sans-forme.

Trois tours de Roue du Dharma (sk. tridharmacakra, tib. chos-'khor gsum) : selon le bouddhisme indo-tibétain, le Bouddha a donné trois grands cycles d'enseignement au cours de sa vie, appelés "tours de Roue du Dharma. Lors du premier tour de Roue, il exposa les Quatre Nobles Vérités et la production interdépendante. Lors du second tour de Roue, il exposa la vacuité du soi individuel et des phénomènes dans l'enseignement de la Prajñāpāramitā. Lors du troisième tour de Roue, pour éviter les interprétations nihilistes de la vacuité, il exposa la luminosité de l'esprit, les trois natures et la nature de bouddha ou tathātagagarbha.

vacuité (sk. śūnyatā, tib. stong-pa-nyid) : Selon le Mādhyamika, l'absence d'être-en-soi des individus et l'insubstantialité des phénomènes. Tous les phénomènes sont relatifs à d'autres, par l'interdépendance. Aucun n'a d'existence autonome. Loin d'être un "néant", la vacuité ne contredit pas l'existence relative des phénomènes mais en démontre la fluidité et la qualité vivante.

Vajrayāna (tib. rdo-rje theg-pa) : Nom générique des véhicules tantriques, encore appelés "Mantrayāna secret" (tib. *gsang-sngags kyi theg-pa*) et Tantrayāna.

vision supérieure (sk. vipaśyāna, tib. lhag-mthong) : Dans la pratique de méditation du bouddhisme classique, seconde étape de la pratique après le calme mental, où le pratiquant utilise la clarté discernante de la sagesse (prajñā) et l'applique à l'examen des phénomènes et de son esprit.

vues erronées (sk. mithyadṛṣṭi, tib. log-lta) : Se dit des opinions égarantes, qui ne mènent pas à la réalité et détournent les êtres de la libération authentique. Il s'agit essentiellement de l'éternalisme et du nihilisme.

BIBLIOGRAPHIE DES ŒUVRES CITÉES

DISCOURS (SŪTRA)

La Prière de la noble conduite
Āryabhadracari
'Phags-pa bzang-po spyod-pa

Le Premier parmi les Suprêmes et Glorieux
Śrīparamadhya
dPal-mchog dang-po

Les Questions de Nārāyaṇa
Nārāyaṇaparipṛcchāsūtra
Sred-med-kyi bus zhus-pa

Le Sūtra de la colline de Gaya
Ārya-Gayāśīrṣasūtra
Ga-ya mgo'i ri'i mdo

Le Sūtra de la corbeille des bodhisattva
Bodhisattvapiṭakasūtra
Byang-chub sems-dpa'i sde-snod-kyi mdo

Le Sūtra de la vaste collection de toutes les qualités
Sarvadharmasaṃgrahavaipulyasūtra
Chos thams-cad shin-tu rgyas-pa bsdus-pa

Le Sūtra de l'amas de joyaux
Mahāratnakūṭadharmaparyāyaśatasahāsrikāgranthasūtra
dKon-mchog brtsegs-pa chen-po'i chos-kyi rnams-grangs le'u stong-phrag brgya-pa'i mdo

Le Sūtra de la descente à Laṅka
Laṅkāvatārasūtra
Lang-kar gshegs-pa'i mdo

Le Sūtra de la lampe lunaire
Candrapradīpasūtra
Zla-ba sgron-me'i mdo

Le Sūtra de la méditation sur la foi dans le Mahāyāna
Mahāyānaprasādaprabhāvanāsūtra
Theg-pa chen-po la dad-pa bsgom-pa'i mdo

Le Sūtra de la perfection de sagesse
Prajñāpāramitāsūtra
Shes-rab-kyi pha-rol-tu phyin-pa'i mdo

Le Sūtra de l'enseignement d'Akṣayamati
Akṣayamatinirdeśasūtra
blo-gros mi-zad-pas btsan-pa'i mdo

Le Sūtra de l'enseignement de Vimalakīrti
Ārya Vimalakīrtinirdeśasūtra
'Phags-pa dri-ma med-par grags-pas bstan-pa'i mdo

Le Sūtra des dix qualités
Daśadharmasūtra
Chos bcu-pa zhes-bya-ba'i mdo

Le Sūtra des dix terres
Daśabhūmikasūtra
mdo-sde sa-bcu-pa
Le Sūtra des nuées de joyaux
Ratnameghasūtra
dKon-mchog sprin-gyi mdo

Le Sūtra du Champ pur de l'engagement
Gocarpariśuddhisūtra
sPyod-yul yongs-su dag-pa'i mdo

Le Sūtra du compendium du parfait Dharma
Dharmasaṃgītisūtra
Chos yang-dag-par bsdud-pa'i mdo

Le Sūtra du grand et parfait Au-delà de la souffrance
Mahāparinirvāṇasūtra
Yongs-su mya-ngan 'das-pa chen-po'i mdo

Le Sūtra du joyau de la couronne
Ratnachudasūtra
gTsug-na rin-po-che'i mdo

Le Sūtra du roi du recueillement méditatif
Samādhirājasūtra
Ting-nge-'dzin rgyal-po'i mdo

Le Sūtra du trésor de l'espace
Gaganganjasūtra
Nam-mkha' mdzod

Le Sūtra qui révèle la Pensée
Saṁdhinirmocanasūtra
dGongs-pa nges-par 'grel-pa'i mdo

Le Sūtra sur le chapitre du contrôle des forces malveillantes
Māradmanparichedasūtra
bDud-btul-ba'i le'u

Le Sūtra sur l'élimination des regrets d'Ajātaśatru
Ajātaśatrukaukṛttiyavinodanasūtra
Ma-skyes dgra'i-'gyod-pa bsal-ba'i mdo

TRAITÉS (ŚĀSTRA)

Asaṅga :
Le Compendium de connaissance
Abhidharmasamuccaya
mNgon-pa kun-btus

Bhāvaviveka :
L'Essence de la Voie médiane
Madhyamakahṛdaya
dBu-ma snying-po

Dharmakīrti :
Le commentaire sur le Compendium de la cognition valide (de Dignāga)
Pramāṇavartikkakārikā
Tshad-ma rnam-'grel-gyi tshig le'ur byas-pa

Kamalaśīla :
La lumière de la Voie médiane
Madhyamakāloka
dBu-ma snang-ba

Nāgārjuna :
Les Stances fondamentales de la Voie médiane
Prajñānāmamūlamadhyamakakārikā
dBu-ma rtsa-ba'i tshig le'ur byas-pa shes-rab zhes-bya ba

Śāntideva :
L'Entrée dans la conduite des bodhisattva
Bodhicaryāvatāra
Byang-chub sems-dpa'i spyod-pa la 'jug-pa

BIBLIOGRAPHIE complémentaire en langues occidentales

Khenchen Thrangou : *La méditation bouddhique tibétaine, pratique du calme mental et de la vision pénétrante*, trad. fr. Sylvie Carteron, Dangles "Horizons spirituels", St Jean de Boulaye, 1996.

Wayman Alex : *Calming the Mind and Discerning the Real, Buddhist Meditation and the Middle View*, from the *Lam rim chen mo* of Tsongkhapa, Columbia University Press, , NY, 1978.

Paul Demiéville : *Le Concile de Lhasa*, p336-353, PUF, Paris, 1952

Bhāvanākrama I, traduit par G. Tucci dans *Minor Buddhist Texts*, II, IsMEO, Rome, 1958

Bhāvanākrama III, traduit par E. Lamotte dans *Concile de Lhasa*, p336-353, PUF, Paris, 1952

Dalaï-lama (Tenzin Gyatso) : *Comme un éclair déchire la nuit*, Albin Michel, Paris, 1992

Dalaï-lama (Tenzin Gyatso) : *Tant que durera l'espace*, trad. Marie-stella Boussemard et Dagpo Rinpoché, Albin Michel, Paris, 1996

Dalaï-lama (Sa Sainteté le) : *La voie de la lumière, une introduction au bouddhisme*, trad. Glenn H. Mullin, trad. fr. Audouin Soualle, Presses du Châtelet, 1997 (et J'ai Lu 1999).

Dalaï-lama (Sa Sainteté le) : *La voie vers la paix*, Guy Trédaniel éditeur, Paris, 1999.

Achevé d'imprimer en mai 2007
sur les presses de la Nouvelle Imprimerie Laballery
58500 Clamecy
Dépôt légal : mai 2007
Numéro d'impression : 704220

Imprimé en France